사회는 쉽다!

★초등학교 교과서와 함께 봐요!

사회 4-1 지도로 만나는 우리 지역
사회 5-1 국토와 우리 생활
사회 6-2 세계의 여러 나라들
사회 6-2 통일 한국의 미래와 지구촌의 평화

* 3~6학년 사회 교과서는 출판사별로 교과 단원 순서가 달라, 순번을 표기하지 않았습니다. 교과 연계 단원은 책의 발행 연도 기준으로 넣었습니다.

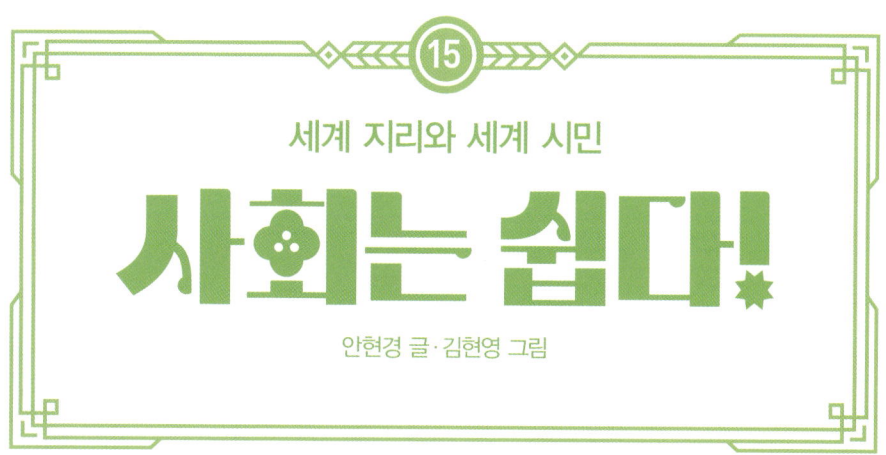

세계 지리와 세계 시민

사회는 쉽다!

안현경 글·김현영 그림

비룡소

차례

1 둥근 지구를 보는 법 세계 지도와 지구본 읽기

왜 한밤중에 축구 경기를 하지? • 8   세계 지도를 찾아볼까? • 12
세계 지도로 엿보는 옛날 사람들의 생각 • 14   지도를 거꾸로 뒤집어서 그린다고? • 16
지구를 아주 작게 줄여 볼까? • 18   디지털 영상 지도로 떠나는 세계여행 • 20

더 알아보기 각 나라의 시각을 정하는 기준, 시차 • 22

알쏭달쏭 낱말 사전 • 24   도전! 퀴즈 왕 • 26

2 전 세계 육지와 바다의 생김새 세계의 지형

지구의 다섯 바다와 여섯 육지 • 28   대양과 대륙을 정하는 기준은? • 30
넓디넓고 다채로운 아시아 • 32   많은 나라가 촘촘히 붙은 유럽 • 34
풍부한 자연을 만나는 아프리카 • 36   기다란 대륙 아메리카 • 38
가장 작은 대륙과 섬나라로 이루어진 오세아니아 • 40
어느 나라에도 속하지 않는 극지방 • 42

더 알아보기 변화하는 지형들 • 44

알쏭달쏭 낱말 사전 • 46   도전! 퀴즈 왕 • 48

3 변화무쌍한 기후 속에서 살아남기 세계의 기후

축구 경기를 즐기려면 기후를 알아야 한다고? • 50 세계 기후 분포 • 52
다양한 동식물이 사는 열대 기후 지역 • 54 건조 기후 지역에 사막만 있을까? • 56
많은 인구가 모여 사는 온대 기후 지역 • 58 숲이 빼곡한 냉대 기후 지역 • 60
꽁꽁 얼었던 한대 기후 지역이 변한다고? • 62 산꼭대기의 고산 기후 도시 • 64

더 알아보기 전 세계의 기후가 변하고 있어 • 66
알쏭달쏭 낱말 사전 • 68 도전! 퀴즈 왕 • 70

4 다양한 지구촌 생활 모습 세계 문화

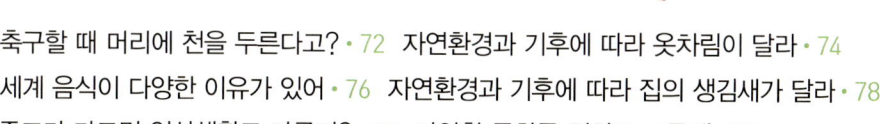

축구할 때 머리에 천을 두른다고? • 72 자연환경과 기후에 따라 옷차림이 달라 • 74
세계 음식이 다양한 이유가 있어 • 76 자연환경과 기후에 따라 집의 생김새가 달라 • 78
종교가 다르면 일상생활도 다를까? • 80 다양한 문화를 접하고 교류해 • 82

더 알아보기 세계화, 과연 좋은 점만 있을까? • 84
알쏭달쏭 낱말 사전 • 86 도전! 퀴즈 왕 • 88

5 세계를 제대로 알고 확실하게 지키기 위해 세계화 속 세계 시민

또다시 축구 경기가 멈춘다면? • 90 끔찍하고 잔인한 갈등과 전쟁 • 92
쓰레기로 인한 생태계 파괴 • 94 가난과 굶주림에 시달리는 사람들 • 96
국제기구와 비정부 기구가 나서서 해결해 • 98 세계 시민인 우리도 함께해 • 100

더 알아보기 지속 가능한 지구촌을 위한 국제기구와 비정부 기구 • 102
알쏭달쏭 낱말 사전 • 104 도전! 퀴즈 왕 • 106

①
둥근 지구를 보는 법

세계 지도와 지구본 읽기

왜 한밤중에 축구 경기를 하지?

이상하다, 엄마가 자라고 할 시간이 지난 거 같은데 말이 없네?

오늘 해외에서 축구 경기가 있어서 특별히 허락해 줬지!

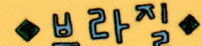

지구상에서 나라의 위치에 따라서 시간이 달라질 수 있다는 사실을 알고 있니? 동생 시윤이는 이 사실을 처음 알았나 봐. 너라면 시윤이에게 어떻게 설명해 주겠니? 우리나라는 지금 밤인데, 어떤 나라는 낮이라는 사실을 말이야.

지구는 축구공처럼 둥글게 생겼고, 자전축을 중심으로 계속해서 스스로 돌고 있어. 지구가 돌 때 태양이 비추는 곳은 낮이 되고 반대쪽은 밤이 돼. 그래서 한낮에 하는 축구 경기를 다른 나라에선 한밤중에 보기도 하는 거야.

시윤이가 세계 지리에 대해 알게 되면 이 원리를 잘 이해할 수 있을 거야. 세계를 각 지역으로 나누어 땅의 생김새나 기후, 생활 모습, 생태 등의 특징을 살펴보고 왜 그런지 살펴볼 수 있거든. '세계'라고 하니까 멀게만 느껴진다고? 그럴 필요 없어. 세계는 생각보다 우리 가까이에 있지. 방송이나 인터넷을 통해서도 우리는 전 세계와 만날 수 있어. 축구 경기 하나만 봐도 그렇잖아?

세계 지도를 찾아볼까?

축구 경기를 직접 관람하기 위해 세계여행을 간다고 해 보자. 어느 나라로 갈지 정하려면 가장 먼저 무엇을 살펴봐야 할까? 바로 **세계 지도**야. 지도는 우리가 사는 둥근 지구를 일정한 비율로 줄여서 종이나 화면에 편평하게 나타낸 거야.

세계 지도에는 **위선**과 **경선**이 있어. 위선은 적도를 기준으로 일정한 간격을 두고 평행하게 그은 가로선이야. 경선은 영국의

그리니치 천문대가 있는 **본초 자오선**을 기준으로 일정한 간격으로 그은 세로선이지.

위선과 경선에 쓰인 숫자, 즉 위도와 경도로 나라나 도시의 위치를 나타내면 헷갈리지 않아. 만약 미국을 설명할 때, "한국의 동쪽에는 일본이 있고, 일본을 넘어 큰 바다가 나오는데 그 바다를 건너면 거대한 땅 미국이 나옵니다."라고 한다면 어때? 기준이 되는 나라에 따라 설명하는 말이 바뀔 수 있어. 하지만 미국은 북위 24도에서 48도, 서경 67도에서 125도 안에 들어 있다고 하면 지도상에서 언제든 찾을 수 있어.

세계 지도로 엿보는 옛날 사람들의 생각

옛날 세계 지도는 오늘날 지도와 완전히 달라. 주변 나라들의 위치나 면적이 지도마다 제각각이었거든. 옛날 지도를 보면 그때 사람들이 어떻게 세상을 바라보고 있었는지 알 수 있어.

오늘날까지 전해지는 가장 오래된 세계 지도는 기원전 600년경에 만들어진 바빌로니아 점토판 지도야. 세계를 평평한 원반으로 표현하고 있어. 당시 바빌로니아 사람들은 육지가 바다 위에 떠 있다고 생각했던 거야.

바빌로니아 점토판 지도에는 바다로 둘러싸인 육지의 중심에 왕국의 수도인 바빌론이 있고, 그 바깥쪽은 미지의 세계로 표현되어 있어.

아주 옛날에 사람들은 지구가 편평하다고 생각했어. 그래서 바다로 계속 나아가면 낭떠러지로 떨어져 버릴 거라 믿었대. 그러다 1492년 콜럼버스가 아메리카 대륙을 발견하고, 1522년 마젤란이 지구 한 바퀴를 항해하면서 지구가 둥글다는 사실을 모두가 인정했지. 그 후에도 지도는 계속해서 변화했어. 항해술이 발달할수록 정확한 지도가 필요했고, 그 지도로 더 많은 곳을 탐험하며 자원을 얻었어. 지도가 곧 나라의 재산과 같았지.

자네가 낭떠러지로 떨어지면 어쩌나 걱정했는데, 무사히 돌아왔군.

나는 무사하다네. 지구는 둥글다고!

지도를 거꾸로 뒤집어서 그린다고?

우리나라를 기준으로 세계 지도를 그리면 어떨까? 태평양을 가운데에 두고 아메리카 대륙은 오른쪽에, 유럽 대륙은 왼쪽에 있게 돼. 반면에 유럽의 나라들은 주로 유럽 대륙을 가운데 두고, 왼쪽에 아메리카 대륙이 있는 지도를 그리지. 이처럼 어느 나라에서 세계 지도를 만드는지에 따라 지도의 모습이 달라질 수 있어.

지구의 남반구에 위치한 오스트레일리아는 자기 나라가 중심에 보이도록 남쪽을 위에 그려서 우리가 흔히 보는 것과는 거꾸로인 세계 지도를 만들기도 했어. 옛날이나 오늘날이나 자기 나라가 속한 대륙을 중심으로 세계를 바라보는 건 똑같나 봐.

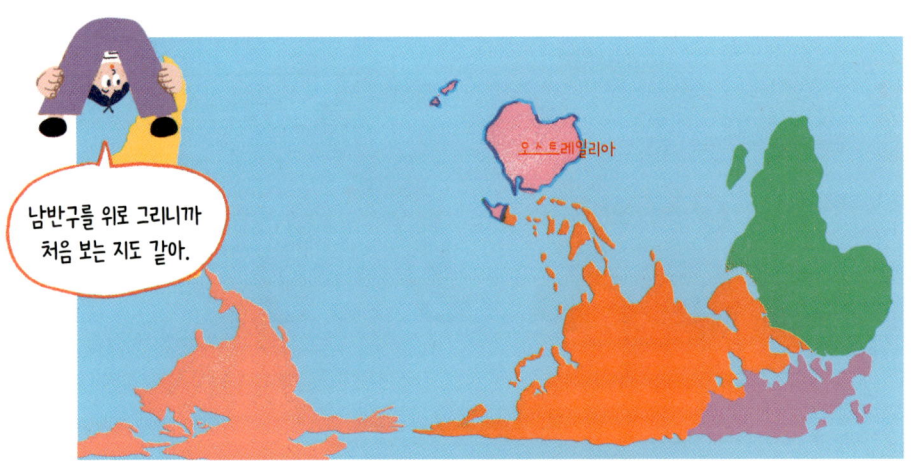

거꾸로 세계 지도

지도는 역할에 따라 생김새가 다르기도 해. 땅의 면적이나 거리를 정확하게 나타내기보다 어디에 무엇이 얼마나 있는지를 보여 주기 위해 단순하게 그리는 지도도 있어. 이를 **주제도**라고 해. 세계 인구 분포 주제도를 보면 어디에 가장 많은 사람이 사는지 한눈에 볼 수 있고, 이산화 탄소 배출량 주제도를 보면 어디에서 이산화 탄소를 많이 내보내는지 금세 알아낼 수 있어.

지구를 아주 작게 줄여 볼까?

지도는 공 모양의 입체적인 지구를 평면에 나타낸 거라 실제와 똑같을 수는 없어. 방향은 정확하게 나타낼 수 있지만, 거리나 면적 등은 좀 달라지기도 해. 지도에서는 그린란드가 그보다 14배는 넓은 아프리카 대륙과 비슷한 크기로 보이기도 하지.

그렇다면 아예 지구와 똑같이 공 모양으로 지도를 만들면 어떨까? 그런 게 바로 **지구본**이야. 지구본으로는 세계 여러 나라의 위치나 거리, 면적 등을 정확히 볼 수 있어. 평평한 지도에서는 북극 주변 나라들이 서로 멀찍이 있는 것 같지만, 지구본에서는 오밀조밀 가까이 있다는 걸 바로 알 수 있어.

지구본을 가장 먼저 만든 건 아라비아 사람들인데, 지금까지 전해지는 가장 오래된 지구본은 독일에서 만든 거야. 이 지구본을 만들 때는 유럽 외의 다른 대륙을 발견하기 전이어서 아메리카 대륙이나 오세아니아 대륙이 빠져 있어. 게다가 거리나 넓이를 측량하는 기술이 발달하지 않아서 정확하지 않았지.

디지털 영상 지도로 떠나는 세계여행

이제는 인터넷으로 디지털 영상 지도를 활용하면 되니까 지구본 들고 다닐 걱정은 안 해도 돼. **디지털 영상 지도**는 위성 영상이나 항공 사진, 길거리에서 찍은 사진들을 지도 형태로 바꾼 것으로 다양한 정보를 담고 있어. 하늘에서 내려다본 모습뿐 아니라 길거리와 건물까지 생생하게 보여 주지.

지도를 누르면 간단하게 확대하거나 축소할 수 있고, 여러 각도로 돌려 볼 수도 있어. 한 나라의 영토를 그대로 옮겨서 다른 나라와 크기를 비교할 수도 있지.

오늘날에는 여행을 떠날 때도 디지털 영상 지도가 꼭 필요해. 잘 활용하면 보다 편리하고 즐겁게 여행할 수 있거든. 세계 어느 곳에 가든지 근처에 있는 맛있는 식당, 유명한 박물관이나 미술관을 찾을 수 있고, 어떤 교통수단을 이용해야 하는지도 금방 알 수 있어. 원하는 곳까지의 거리는 물론이고, 걸리는 시간까지 예상할 수 있으니 얼마나 유용한지 몰라. 하지만 휴대 전화가 꺼지거나 인터넷이 안 되면 방법이 없어. 그래서 비상용으로 종이 지도도 꼭 챙겨 가는 게 좋아.

위성 지도는 길이나 건물을 위에서 찍은 사진처럼 보여 줘.

동네 거리 모습도 볼 수 있다고.

더 알아보기

🕖 각 나라의 시각을 정하는 기준, 시차

다른 나라에서 열리는 축구 경기를 우리나라에서 보려면 시차를 알아야 해. 축구 경기가 열리는 나라의 시각이 오후 7시일 때, 우리나라는 몇 시인지 알아야 축구를 볼 수 있겠지?

나라마다 기준이 조금씩 다르다고?

시차는 경도를 기준으로 계산해. 동쪽으로 15도 갈 때마다 한 시간씩 빨라지고, 서쪽으로 15도 갈 때마다 한 시간씩 느려져. 예를 들어 중국의 베이징은 대한민국보다 서쪽에 위치해서 우리보다 1시간 느려. 그런데 경도가 15도 바뀌었는데도 같은 시각인 경우가 있어.

나라마다 시각을 정하는 기준점이 있어. 이를 '**표준시**'라고 해. 대한민국은 위치상으로 동경 124도에서 132도 사이에 있지만, 동경 135도의 표준시를 사용해. 본초 자오선보다 9시간 빠르지.

미국, 러시아, 캐나다와 같이 땅덩이가 넓은 나라는 여러 개의 표준시를 사용하기도 해. 중국은 땅덩이가 넓지만, 수도인 베이징을 중심으로 하나의 표준시를 써.

남극 대륙의 남극점은 모든 경도선이 지나가기 때문에 시간을 정하기가 애매해서 날짜 변경선을 표준시로 정했지. 본초 자오선 기준으로 12시간이 빠른 거야.

시차가 벌어져서 날짜가 바뀌는 시점은?

시차가 벌어지다 보면 우리나라와, 지구 반대편에 있는 나라의 날짜가 달라지기도 해. 예를 들어, 미국 뉴욕이 10월 31일 저녁 10시라면 13시간의 시차가 나기 때문에 우리나라는 그다음 날인 11월 1일 오전 11시야. 신기하다고? 이렇게 날짜가 변경되는 건 날짜 변경선 때문이야.

날짜 변경선은 태평양 바다 한가운데 있어. 뉴질랜드 옆의 태평양에 있는 섬들을 피해 삐뚤빼뚤 그어진 선이 바로 날짜 변경선이야. 위도 0도와 경도 0도가 만나는 곳에 부표를 띄워서 표시해 두고, 이 선을 넘어가면 날짜가 하루 지나는 것으로 기준을 정했어. 그 부표를 위도와 경도가 0인 곳에 있다 하여 '널섬(null island)'이라고 부르기도 해. 널(null)은 독일어로 '0'을 뜻해. 그럼 왜 육지를 피해서 정해 두었냐고? 같은 나라 또는 같은 지역에서 선 하나를 두고 날짜가 바뀌면 매우 혼란스러울 테니까.

★ 알쏭달쏭 낱말 사전

극지방
남극과 북극을 중심으로 한 그 주변 지역이에요. 지구상에서 가장 추운 곳으로 꼽히며, 눈과 얼음으로 덮여 있어요. 극지방은 여름에는 한 달 이상 백야(밤에도 해가 지지 않는 현상)가 지속되고, 겨울에는 극야(해가 뜨지 않아 종일 컴컴한 현상)가 몇 달 동안 이어지기도 해요.

북극은 얼음으로 덮여 있는 넓은 바다로 이루어져 있어요. 그 주변은 나무가 없는 얼어붙은 땅이지요.

반구
지구를 반으로 나눴을 때 한쪽 부분을 말해요. 적도를 기준으로 잘랐을 때, 위쪽은 북반구이고 아래쪽은 남반구예요. 본초 자오선을 기준으로 잘랐을 때는 동반구와 서반구로 구분해요. 우리나라는 북반구이자 동반구에 있어요.

본초 자오선
지도에 표시된 세로선들 가운데 지구를 동쪽과 서쪽으로 나누는 기준선이에요. 영국에 있는 그리니치 천문대를 지나며, 세계 시간의 기준이 돼요. 본초 자오선에서 동쪽으로 가면 시간이 빨라지고, 서쪽으로 가면 느려져요.

전 세계적으로 표준 시간이 필요해지자, 1884년에 25개국이 모여 그리니치 천문대를 본초 자오선의 기준으로 정하기로 했어요.

영토

한 나라의 주권이 미치는 땅의 영역이에요. 나라의 주권이 미치는 바다는 영해, 영토와 영해 위에 있는 하늘은 영공이라고 해요. 영토, 영해, 영공 모두 나라의 주권이 미치는 영역이기 때문에 다른 나라가 함부로 들어올 수 없어요.

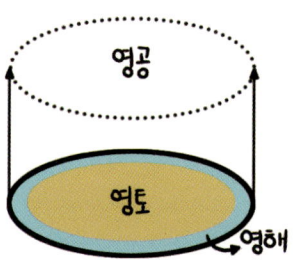

적도

남극과 북극에서 같은 거리에 있으며, 지구를 북반구와 남반구로 나누는 가상의 선이에요. 백야와 극야 현상이 나타나는 극지방과는 달리 적도에서는 1년 내내 낮과 밤 시간이 같아요. 또한 적도를 기준으로 북반구와 남반구의 계절은 정반대예요.

콜럼버스

본명은 크리스토퍼 콜럼버스로, 이탈리아의 탐험가였어요. 스페인 여왕 이사벨의 후원을 받아서 인도를 찾아 항해를 떠나 1492년에는 아메리카 대륙을 발견했어요. 그가 서인도 항로를 발견하면서 유럽 사람들의 활동 무대가 넓어졌지요.

콜럼버스는 한때 최초로 신대륙을 발견한 영웅으로 평가받기도 했지만, 아메리카 원주민들에게 잔혹한 행위를 한 것이 밝혀져서 평가가 엇갈리고 있어요.

⭐ 도전! 퀴즈 왕

아래 내용을 잘 읽고 맞으면 O, 틀리면 ×를 표시하세요.

1. 지구는 자전축을 중심으로 스스로 돌고 있어서 낮과 밤이 생겨요. (   )

2. 지구의 어느 곳에 있든지 항상 시간이 같아요. (   )

3. 지도를 보면 사람들이 세상을 어떻게 바라보고 있는지 알 수 있어요. (   )

4. 지도는 지구본보다 세계 여러 나라의 위치, 거리, 면적을 정확히 볼 수 있어요. (   )

5. 나라마다 시각을 정하는 기준점이 있어서, 경도가 15도 바뀌어도 같은 시각인 경우가 있어요. (   )

정답 1. O 2. × 3. O 4. × 5. O

②
전 세계 육지와 바다의 생김새

세계의 지형

지구의 다섯 바다와 여섯 육지

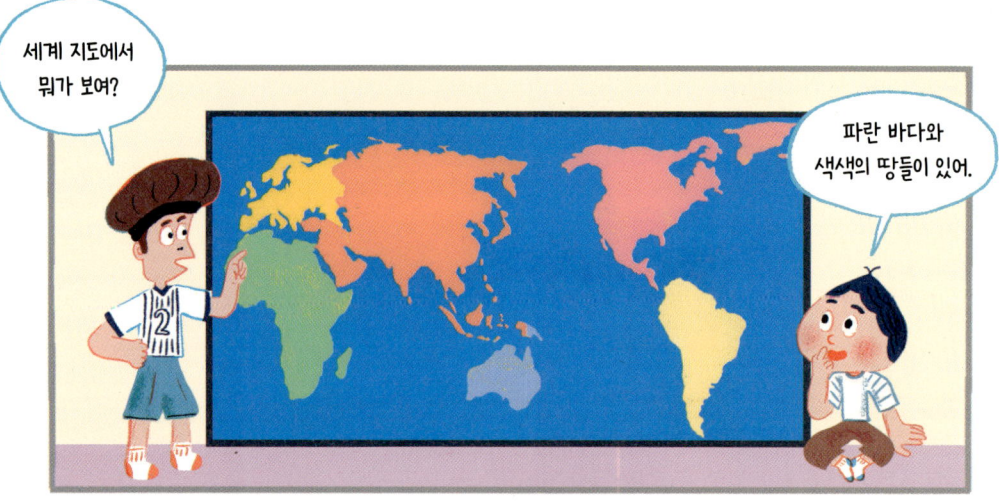

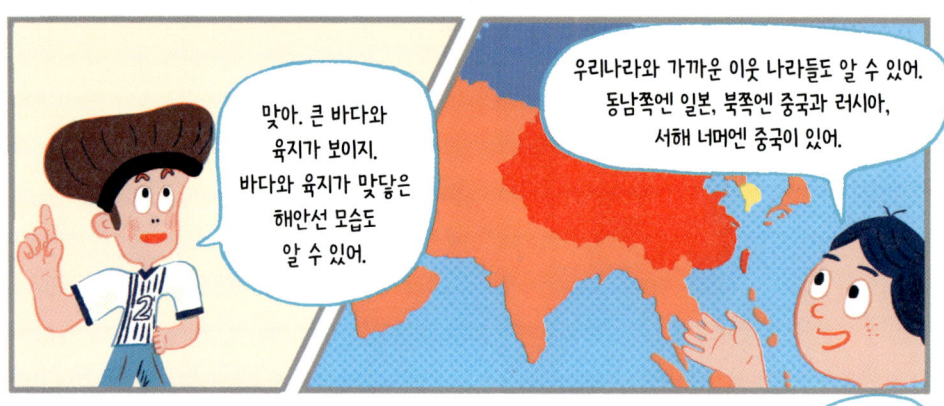

세계적인 축제인 월드컵에는 200개가 넘는 나라들이 참여해. 한꺼번에 경기를 할 순 없어서 우선 같은 대륙에 있는 나라끼리 예선전을 치르지.

대륙이란 바다로 둘러싸인 큰 땅이야. 지구에는 아시아, 유럽, 아프리카, 남아메리카, 북아메리카, 오세아니아, 이렇게 여섯 대륙이 있어. 대륙을 둘러싼 큰 바다인 대양은 다섯 개가 있어. 이제부터 각 대륙과 대양에 대해 이야기해 볼까?

대양과 대륙을 정하는 기준은?

큰 땅덩이를 **대륙**, 넓은 바다를 **대양**이라고 하는데, 얼마나 크고 넓어야 대륙이고 대양일까?

양과 해는 한자로 '바다 양(洋)', '바다 해(海)'야. 같은 바다지만 '양'은 큰 바다, '해'는 작은 바다를 말해. 그러니까 대륙과 대륙 사이에 있는 넓은 바다는 '양', 지중해나 흑해처럼 비교적 면적이 좁으면서 육지로 둘러싸여 있는 바다는 '해'라고 이름 지었어.

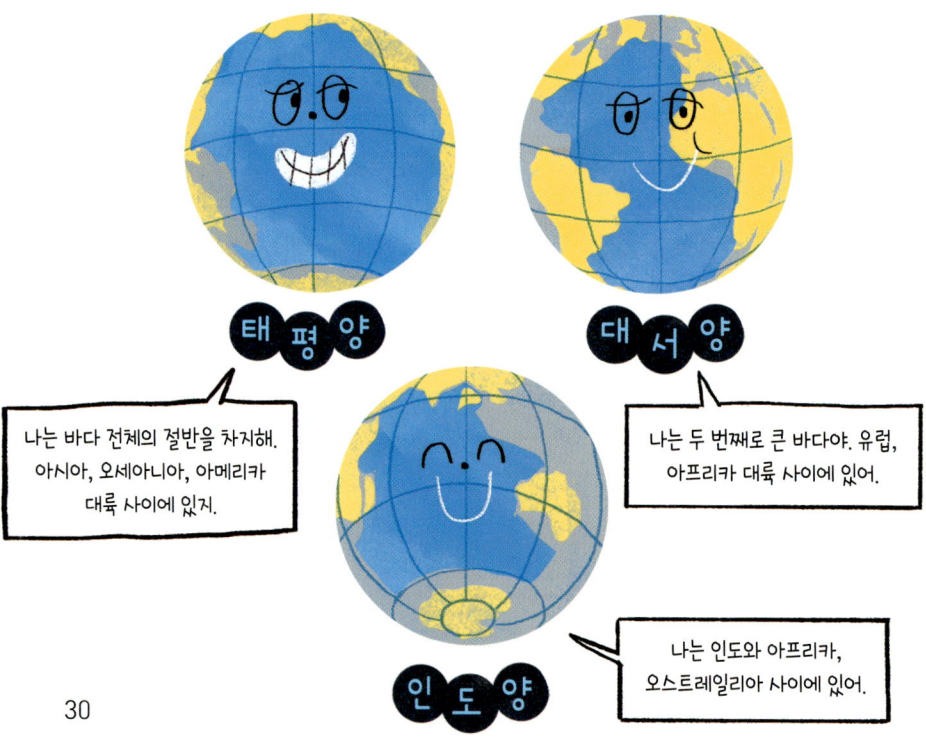

태평양 — 나는 바다 전체의 절반을 차지해. 아시아, 오세아니아, 아메리카 대륙 사이에 있지.

대서양 — 나는 두 번째로 큰 바다야. 유럽, 아프리카 대륙 사이에 있어.

인도양 — 나는 인도와 아프리카, 오스트레일리아 사이에 있어.

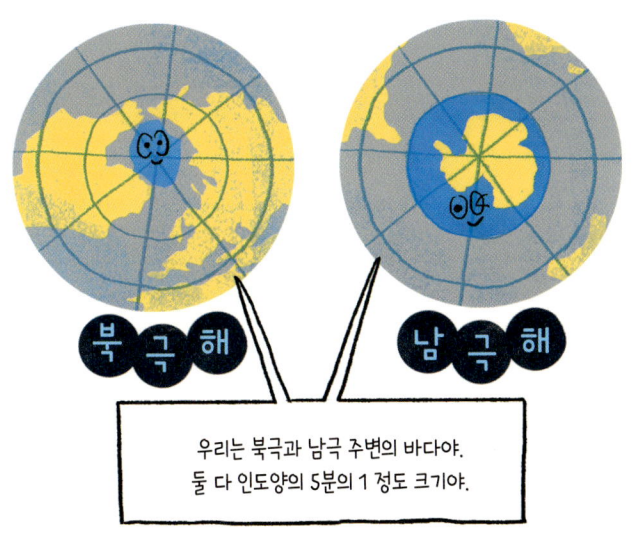

섬인지 대륙인지는 어떻게 정할까? 그건 북아메리카 대륙에 있는 덴마크령의 섬 그린란드를 기준으로 정해. 그린란드보다 크면 대륙, 작으면 섬이라고 해.

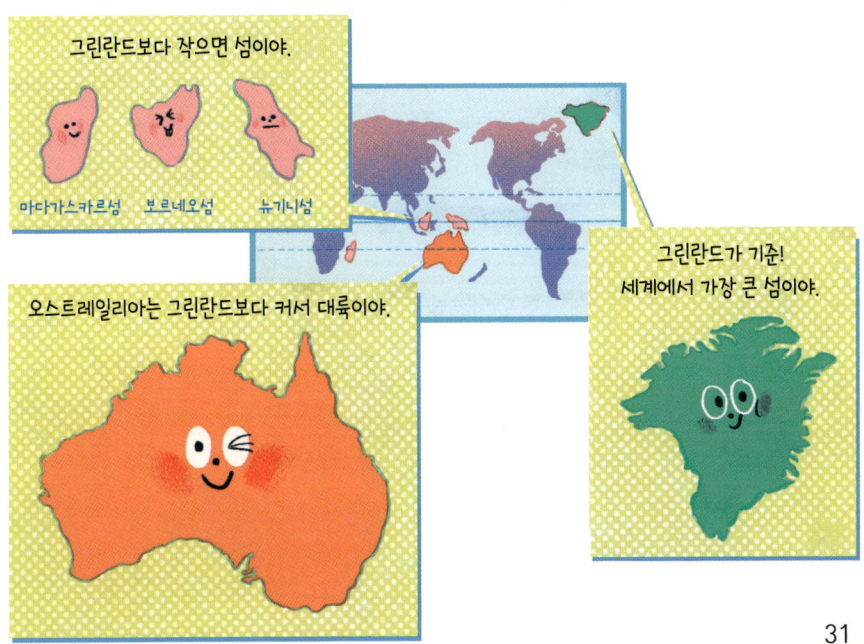

넓디넓고 다채로운 아시아

우리나라가 속해 있는 **아시아**는 세계 육지 면적의 30퍼센트를 차지해. 대륙 중에 가장 면적이 넓어서 동서남북의 모습이 무척 달라. 북쪽에는 바늘처럼 뾰족한 잎을 가진 나무들이 모인 침엽수림이 있지만, 남쪽에는 다양한 종류의 나무와 덤불이 빼곡한 숲과 늪지대가 펼쳐져.

대한민국, 중국, 일본은 동아시아라고 해. 중국 아래 태국, 베트남이 있는 인도차이나반도와 섬 지역은 동남아시아라고 불러. 특히 태평양과 맞닿아 있는 일본이나 인도네시아 섬 주변은 지진과 화산 활동이 활발하게 일어나는 곳이야. 인도와 그 주변 나라들은 남아시아라고 하는데, 세계에서 가장 높은 히말라야산맥을 기준으로 동아시아와 남아시아를 나눠.

서쪽으로 오면 사막과 석유로 유명한 사우디아라비아가 있어. 그 주변 나라들을 포함해 서아시아라고 해. 동아시

서아시아의 사해는 호수인데도 물이 너무 짜서 생물이 살 수 없어. 물에 들어가면 몸이 둥둥 뜨지.

아와 서아시아의 사이에 있는 드넓은 사막과 초원 지대는 중앙아시아라고 불러. 사막은 아프리카에만 있는 줄 알았다고? 중앙아시아 몽골에 있는 고비 사막을 보면 깜짝 놀랄걸. 그 길이가 1500킬로미터나 되거든.

우리나라의 북쪽에 위치한 러시아는 북아시아라고 하는데, 우랄산맥을 기준으로 러시아 동쪽만 아시아에 속해. 러시아 서쪽은 유럽에 속하지. 세계에서 면적이 가장 넓은 나라답게 두 대륙에 걸쳐 있어.

우랄산맥

러시아

고비 사막은 아시아에서 가장 큰 사막이야. 이곳의 황사가 우리나라로 날아와서 영향을 줘.

대한민국

일본

고비 사막

히말라야산맥

중국

인도

사우디아라비아

태국

베트남

인도네시아는 세계 최대의 섬나라야. 섬이 무려 1만 7000개나 돼.

태국은 영토 모양이 마치 코끼리 머리처럼 생겼어. 길쭉한 코까지!

인도네시아

많은 나라가 촘촘히 붙은 유럽

아시아에서 우랄산맥을 넘어서 **유럽**으로 가 보자. 유럽은 아시아랑 육지로 이어져 있고 해협 간의 거리는 1~5킬로미터 정도로 짧기 때문에 옛날부터 서로 드나들며 영향을 많이 주고받았어. 그래서 이 둘을 합쳐 '유라시아 대륙'이라고도 해.

유럽은 서쪽으로는 대서양, 남쪽으로는 지중해와 맞닿아 있는데 해안선이 무척이나 복잡해. 땅덩이는 아프리카의 3분의 1밖에 되지 않지만, 해안선의 총 길이는 유럽이 더 길어.

유럽에 속해 있는 나라들은 위치에 따라 문화나 기후 등 특색이 달라서 북유럽, 서유럽, 동유럽, 남유럽으로 나눠. 러시아, 우크라이나, 체코, 헝가리 등 아시아와 인접한 나라들은 동유럽, 스칸디나비아반도에 있는 노르웨이, 스웨덴, 핀란드 등은 북유럽, 프랑스, 독일, 스위스, 오스트리아 등은 서유럽, 이탈리아, 그리스, 스페인 등은 남유럽이라고 불러.

유럽의 여러 지역은 대서양에서 불어오는 따뜻한 바람 덕분에 농사짓기 좋아.

유럽의 나라들은 오밀조밀 붙어 있어서 서로 영향을 많이 주고받았어. 정치와 경제 분야뿐만 아니라, 서로 다른 문화가 어우러지며 새로운 문화가 생기기도 했어. 오늘날에는 **유럽 연합**이라는 국제기구를 만들어 서로 협력하고, **유로**라는 화폐를 함께 쓰며 국경을 자유롭게 넘나들지.

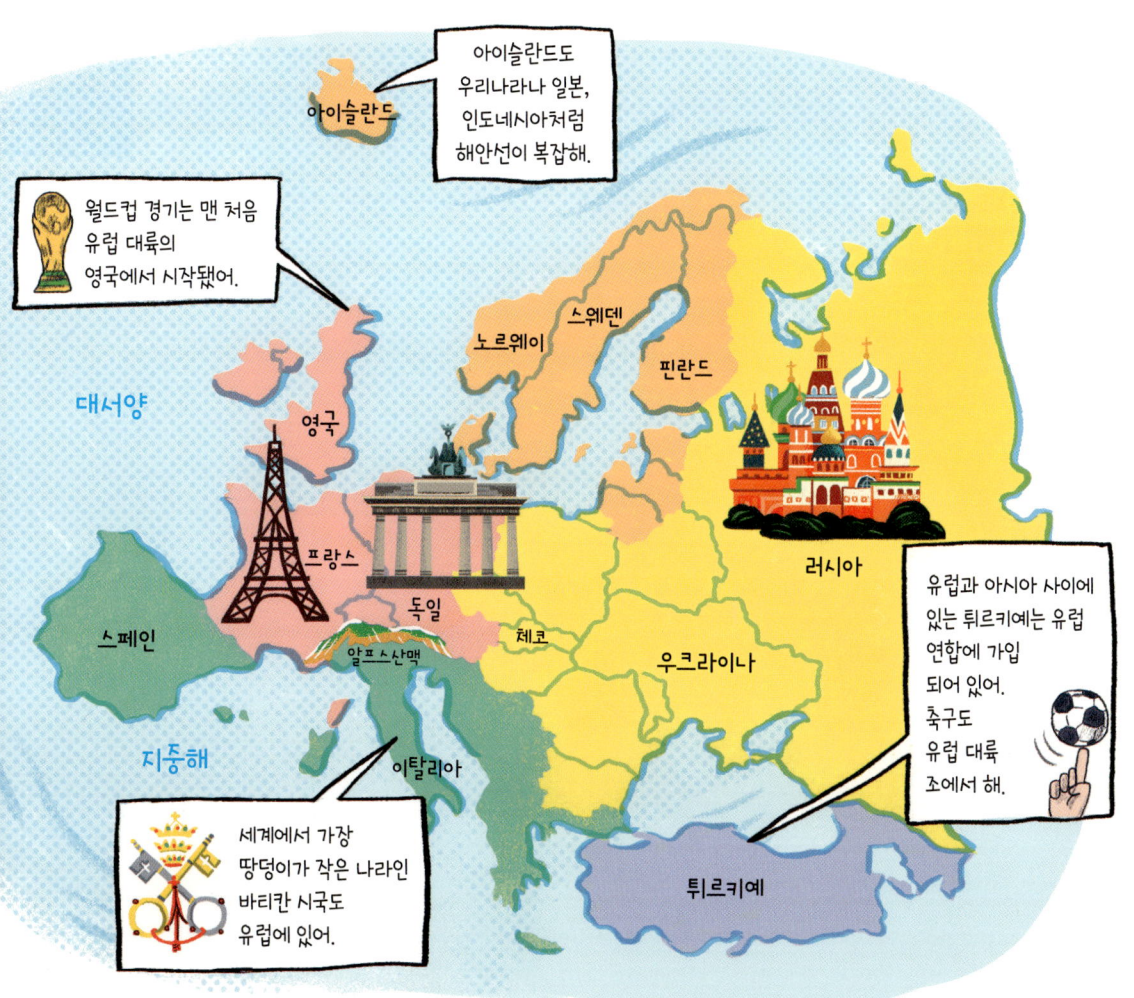

풍부한 자연을 만나는 아프리카

유럽에서 지중해를 건너면 아프리카 대륙이 있어. 아프리카는 세계에서 두 번째로 큰 대륙이야. 서쪽으로는 대서양, 동쪽으로는 서아시아의 아라비아반도와 홍해를 경계로 나뉘어 있어. 지중해와 맞닿은 북아프리카에 있는 나라들은 기후가 온화하고 물도 풍부해. 고대 이집트 문명이 탄생한 나일강도 북아프리카에 있지.

반면 아프리카 대륙에는 세계 최대 사막인 사하라 사막이 있고, 남쪽까지 건조한 사바나 초원이 펼쳐져 있어. 사바나에는 희귀한 자연환경과 야생 동물이 보존되고 있어.

아프리카는 인류의 조상이 맨 처음 살았던 곳이야. 지하자원도 풍부해서 산업에 필요한 석탄이나 금, 다이아몬드 같은

> 아프리카는 높고 평평한 고원이 많아. 주로 사막, 열대 우림, 초원으로 이루어져 있어.

보석은 물론 오늘날 휴대폰을 만들 때 꼭 필요한 콜탄과 같은 희귀한 금속도 나지. 역사적으로 유럽 여러 나라들이 아프리카의 풍부한 자원을 탐내서 강제로 빼앗아 가는 일이 많았어.

기다란 대륙 아메리카

아프리카 대륙에서 대서양을 건너가면 **아메리카** 대륙이 있어. 1492년 스페인의 탐험가 콜럼버스가 대서양을 가로질러 발견한 땅이지. 유럽 사람들이 아메리카로 이주하여 새 역사를 쓰는 동안, 이곳에 살던 원주민들은 슬프게도 터전을 잃게 됐어.

아메리카 대륙은 남북으로 길쭉하게 생겼어. 북쪽은 북극해에, 남쪽은 남극해에 닿아 있을 정도야. 많은 화물을 배로 옮겨야 했던 옛날에는 대서양에서 태평양으로 가려면 긴 대륙을 빙 돌아가야 했어. 그래서 아메리카 대륙의 중간쯤에 **파나마 운하**를 건설했지. 이 운하가 북아메리카와 남아메리카를 나누는 경계가 돼.

북아메리카에는 미국과 캐나다, 멕시코가 큼지막하게 자리하고 있어. 아시아와 아프리카 다음으로 큰 대륙인 만큼 넓은 평원에서 대규모 농사를 지을 수 있어.

남아메리카에는 세계에서 두 번째로 긴 아마존강이 있고, 그 주변에 빼곡한 열대 우림이 있어. 세계에서 가장 긴 산맥인 안

안데스산맥의 높은 지역에서는 잉카 문명과 같은 고대 문명이 발달하기도 했어.

가장 작은 대륙과 섬나라로 이루어진 오세아니아

오세아니아는 오스트레일리아 대륙과 그 주변에 있는 뉴질랜드 등 태평양의 많은 섬들을 통틀어 부르는 말이야. 1만여 개가 넘는 크고 작은 섬들은 위치와 문화에 따라 멜라네시아, 미크로네시아, 폴리네시아 지역으로 구분해.

오스트레일리아는 대륙의 이름이자 나라의 이름이야. 가장 작은 대륙이면서 세계에서 여섯 번째로 큰 나라야. 넓기는 하지만 육지 가운데가 '아웃백'이라고 하는

오스트레일리아는 남반구에 있어서 한여름에 크리스마스를 맞아.

그레이트 배리어 리프

오스트레일리아

황무지여서, 사람들은 주로 바닷가 주변에 모여 살아. 오스트레일리아에는 다른 대륙에서 볼 수 없는 자연 지형이나 생물들이 많아. 아웃백뿐 아니라 세계에서 가장 큰 산호초 지대인 그레이트 배리어 리프가 있고, 캥거루, 오리너구리, 코알라와 같이 그곳에서만 사는 동물들도 있어.

인도네시아와 가까운 멜라네시아에는 피지섬이나 파푸아 뉴기니섬이 있고, 필리핀과 가까운 미크로네시아에는 괌이나 나루우섬 등 작은 섬들이 있어. 그리고 폴리네시아에는 뉴질랜드와 하와이 제도, 투발루 등이 있어. 모두 특별하고 아름다운 자연 경관을 가진 곳으로 유명하지.

오스트레일리아와 뉴질랜드는 주로 영어를 쓰지만, 오세아니아의 많은 섬에서는 원주민 언어를 쓰기도 해. 무려 1500개 정도의 원주민 언어가 있지.

뉴질랜드나 오스트레일리아에는 큰 어장이 많아서 전 세계로 해산물을 수출해.

뉴질랜드

어느 나라에도 속하지 않는 극지방

　마지막으로 지구의 양 끝에는 극지방이 있어. 남극과 북극은 모두 얼음으로 덮여 있어. 하지만 남극은 얼음 아래 땅이 있고, 북극은 얼음 아래 바다가 있지.

　북극해는 아시아, 유럽, 북아메리카 대륙에 둘러싸여 있어. 국제 연합의 깃발을 보면 북극해의 모습이 그대로 담겨 있지. 북극해는 얼음 때문에 바다를 건너기가 힘들어. 그런데 앞으로 빙하가 더 녹으면 북극해 주변 나라들이 이곳을 통과해서 항해할 수 있을 거라고 기대하고 있대. 바다 깊이 있는 천연자원도

북극의 빙하가 녹아내려서 동물들이 점점 살기 힘들어지고 있어.

더 많이 캐내고 말이야.

　남극은 어느 나라의 영토도 아니야. 대신 여러 나라들이 연구를 목적으로 과학 기지를 두고 있어. 우리나라도 남극에 세종 과학 기지와 장보고 과학 기지를 세웠어. 각 분야의 연구원들이 남극의 과학 기지로 파견되어서 일정 기간 동안 머물며 일하고 있어. 남극의 혹독한 추위와 강풍을 견디며 지구 환경에 대해 더 깊이 알아 가고 있지.

　극지방에서는 특별한 자연 현상이 일어나. 여름에는 한밤중에도 해가 지지 않는 백야가 나타나고 겨울에는 밤만 계속되는 극야가 나타나. 또 높은 하늘에서 마치 푸른색 커튼이 하늘거리는 것 같은 오로라도 볼 수 있지.

남극에 있는 세종 과학 기지는 기후, 생태, 생물 자원에 대해 연구하고 있어.

더 알아보기

변화하는 지형들

아주 오래전에는 여섯 대륙이 하나로 이어져 있었어. 사실 지구 내부는 뜨겁고 끊임없이 움직이거든. 그 힘으로 '지각판'이라고 하는 땅덩이들이 수십억 년 동안 서서히 움직여 지금의 모습이 된 거야. 오늘날에도 지각판은 여전히 움직이고, 다른 원인들까지 더해지면서 지형이 계속 변하고 있어.

지구의 움직임 때문에 변하는 지형

지각판들이 만나는 곳에는 서로 밀거나 멀어지는 힘이 작용해. 그래서 이곳에 높은 산이나 깊은 바다가 생기지.
히말라야산맥의 최고봉을 자랑하는 에베레스트산도 인도판과 아시아판이 만나서 미는 힘 때문에 솟아오른 거야. 지금도 계속 높아지고 있어. 마찬가지로 유럽에 있는 알프스산맥도 조금씩 높아지고 있지. 하지만 반대로 힘이 작용하는 북아메리카 대륙과 유럽 대륙은 해마다 2센티미터씩 서로 멀어지고 있어.
바다 깊은 곳에서도 지각판들은 계속 움직이고 있어. 태평양을 둘러싸고 있는 해양판이나 대륙판이 부딪히면 그 지점에 화산이 생겨나고 지진이 자주 일어나. 이곳을 '환태평양 조산대'라고 해. 대륙마다 태평양과 가까운 땅에 높은 산맥이 생겨나기도 하고, 바닷속에서 화산이 폭발해서 하와이섬과 같은 화산섬이 만들어지기도 해.

에베레스트산은 세계에서 가장 높아. 높이가 약 8848미터로 알려져 있지.

하와이 제도는 132개의 크고 작은 섬으로 이루어져 있어. 바닷속 화산 활동으로 형성된 섬이야. 그중 가장 큰 섬이 하와이섬이야.

기후 변화나 정치 문제로 달라지는 지형

5000여 년 전에는 사하라 사막에 식물이 무성하게 자랐다고 해. 그런데 기후가 건조해지면서 지금과 같은 사막으로 변했지. 오늘날에도 기후 변화로 인해 사막으로 변하는 땅이 늘고 있어. 한편, 정치적인 문제로 지형이 바뀌는 경우도 있어. 카스피해는 본래 세계에서 가장 큰 호수였어. 러시아와 아제르바이잔, 투르크메니스탄, 카자흐스탄, 이란 등 다섯 개 나라로 둘러싸여 있는데, 그 크기가 우리나라의 네 배나 되지. 이곳엔 석유와 천연가스 등 지하자원이 풍부해서 나라간 다툼이 계속되었어.

그러다 2018년에 다섯 개 나라가 모여 카스피해를 호수가 아니라 특별한 바다라고 정했어. 바다로 바꾸면 각 나라가 함께 권리를 갖는 공동 수역을 정할 수 있거든. 여러 나라의 정치적, 경제적인 문제로 인해 호수가 바다로 바뀌어 버렸지.

⭐ 알쏭달쏭 낱말 사전

국경
나라와 나라 사이를 가르는 경계를 뜻해요. 미국과 캐나다는 9000여 킬로미터에 이르는, 세계에서 가장 긴 국경을 마주하고 있어요. 중국은 가장 많은 나라들과 국경을 맞대고 있지요. 러시아, 몽골, 인도, 네팔 등 무려 14개국이나 돼요.

산맥
여러 산봉우리가 길게 이어지는 지형이에요. 세계적으로 유명한 산맥으로 알프스산맥, 우랄산맥, 히말라야산맥, 로키산맥, 안데스산맥 등이 있어요. 높은 산맥은 사람들의 자유로운 이동을 막고 기후를 달라지게 해서, 대륙이나 나라의 경계가 되는 경우가 많아요.

알프스산맥은 유럽 중부에 있는 산맥이에요. 오스트리아와 슬로베니아에서 시작해서 이탈리아와 스위스, 리히텐슈타인, 독일을 거쳐 프랑스까지 접해 있어요.

운하

육지에 파 놓은 물길이에요. 논밭에 물을 대거나 배를 드나들게 하려는 등 다양한 목적으로 만들어요. 대표적으로 아메리카 대륙의 파나마 운하와 이집트의 수에즈 운하가 있어요. 수에즈 운하는 유럽 사람들이 아프리카 대륙을 둘러 가지 않고 인도와 교역하기 위해 만들었어요.

파나마 운하는 태평양과 대서양을 잇는 약 82킬로미터의 운하예요. 배들이 남아메리카 대륙을 돌아가지 않고 지름길로 드나들며 교역할 수 있어 많은 배가 오가지요.

해안선

바다와 육지가 맞닿은 선이에요. 해수면은 끊임없이 오르내려서 대체로 평균 해수면과 육지의 경계선을 가리키지요. 해안선을 메워 땅을 만든 나라가 바로 네덜란드예요. 국토의 4분의 1을 바다나 호수를 메우는 간척 사업으로 만들었어요.

네덜란드에는 '폴더'라고 하는 해수면보다 낮은 땅들이 많아요. 원래 물이 덮여 있던 곳에 제방을 쌓고, 풍차 등을 돌려 펌프로 물을 빼내서 건조하게 만든 거예요.

호수

땅이 우묵하게 들어가 물이 괴어 있는 곳이에요. 가장 깊은 곳이 5미터가 넘어야 호수라고 하지요. 사해나 아랄해는 이름에 '바다 해(海)'가 붙어 있지만, 사실은 땅으로 둘러싸인 호수예요. 반면에 흑해는 지중해로 연결되는 바다지요.

사해는 호수지만 소금의 농도가 높아요. 호수 주변에 하얀 소금이 말라붙은 모습이 보이지요?

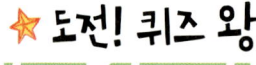 도전! 퀴즈 왕

다음 내용을 잘 읽고 빈칸에 알맞은 단어를 써 보세요.

1. 지구에서 바다로 둘러싸인 큰 땅을 _____이라고 해요.

2. 여섯 대륙에는 _____, 유럽, 아프리카, 남아메리카, 북아메리카, _____가 있어요.

3. 유럽의 나라들은 서로 붙어 있어서 서로 영향을 많이 주고받으며 _____이라는 국제기구를 만들어 협력해요.

4. 아프리카 대륙에는 세계 최대 사막인 _____이 있어요.

5. _____에는 캥거루, 오리너구리, 코알라와 같이 그곳에만 사는 동물이 많아요.

정답 1. 대륙 2. 아시아, 오세아니아 3. 유럽 연합 4. 사하라 사막 5. 오스트레일리아

③ 변화무쌍한 기후 속에서 살아남기

세계의 기후

축구 경기를 즐기려면 기후를 알아야 한다고?

　카타르는 건조한 사막 기후에 속해. 여름에는 최고 50도까지 오르며 매우 덥고, 겨울이라 해도 최저 기온이 10도 이상으로 온화한 편이야. 우리나라의 겨울과는 다르지.

　기후란 일정한 지역에서 여러 해에 걸쳐 나타나는 평균적인 날씨야. 기온과 강수량을 기준으로 크게 열대 기후, 건조 기후, 온대 기후, 냉대 기후, 한대 기후 등으로 나누지. 여기에 비가 얼마나 자주, 많이 오는지에 따라 열대 우림 기후, 사바나 기후 등으로 나누기도 해.

헉헉, 너무 더워. 목마르다.

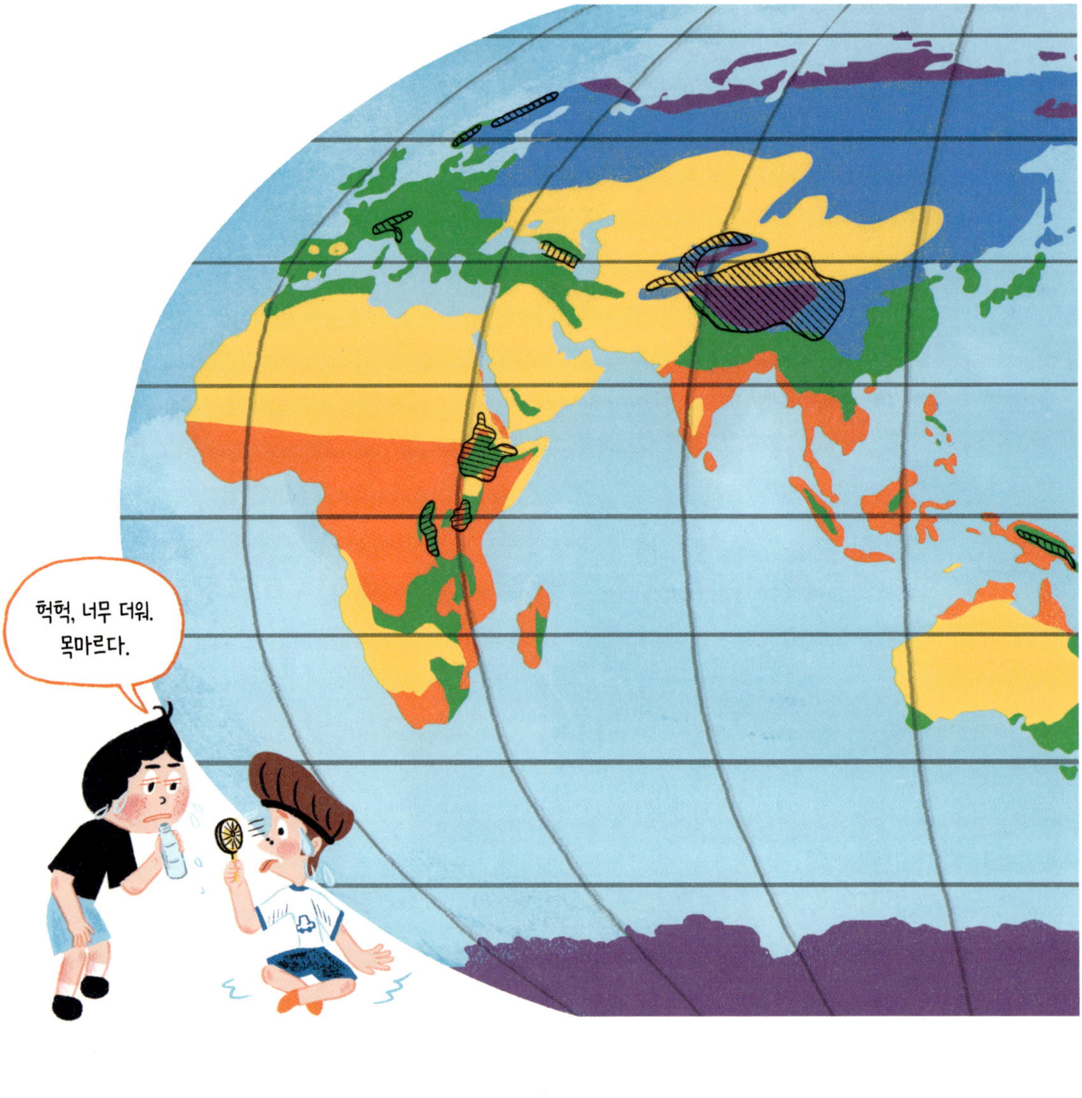

열대 기후
일 년 내내 기온이 높고 강수량이 많으며, 건기와 우기가 나타나는 곳도 있어.

건조 기후
일 년 동안 강수량을 모두 합쳐도 500밀리미터가 채 안 될 정도로 비가 적게 와.

온대 기후
사계절이 뚜렷하고 여름에 기온이 높고 겨울에는 기온이 낮아.

기후 분포

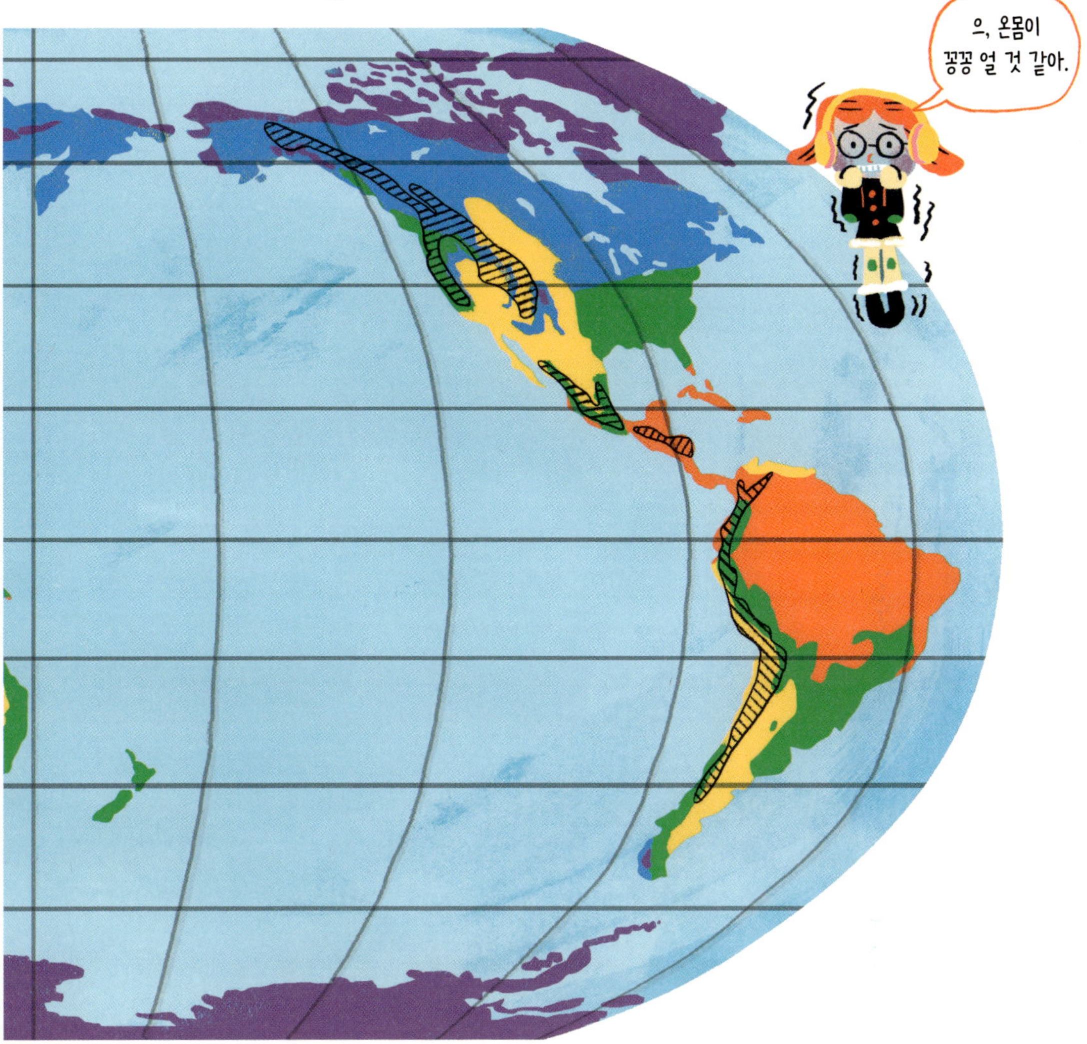

으, 온몸이 꽁꽁 얼 것 같아.

냉대 기후
온대 기후와 마찬가지로 사계절이 있지만, 온대 기후보다 겨울이 더 춥고 길어.

한대 기후
일 년 내내 평균 기온이 매우 낮고, 평균 기온이 가장 높은 달도 10도가 안 돼.

고산 기후
고도가 높은 곳에 나타나며, 일 년 내내 월평균 기온이 15도 내외로 서늘해.

다양한 동식물이 사는 열대 기후 지역

열대 기후는 일 년 내내 기온이 18도 이상으로 덥고 비가 많이 와. 그래서 열대 기후 지역은 숲이 빼곡하고, 흙에 있는 영양분은 자꾸 쓸려 가서 농사짓기엔 적당하지 않아. 옛날에는 숲에 불을 내 없애고 그 재를 거름으로 쓰는 화전 농업을 했어. 얌이나 카사바 같은 식량이 되는 식물이나 식용유의 원료가 되는 야자나무를 심기도 했지. 하지만 최근에는 자연환경을 보존하며 수익을 내기 위해 다양한 동식물을 체험하는 정글 투어 같은 관광 산업을 하고 있어.

열대 기후는 비가 내리는 시기에 따라서 **열대 우림 기후**와 **사바나 기후**로 나눌 수 있어. 열대 우림 기후

우아, 낮인데도 나무에 가려서 어두워.

는 주로 적도 한가운데를 지나는 지역이야. 일 년 내내 비가 많이 내리고 기온이 높기 때문에 울창한 숲을 이뤄. 숲으로 들어가면 빼곡한 나무들이 햇볕을 다 가려서 어둑해 보일 정도야. 브라질의 아마존 열대 우림과 인도네시아 자바섬의 정글이 대표적인 열대 우림이야.

사바나 기후는 계절에 따라 비가 적게 오는 건기와 많이 오는 우기로 나눠. 건기에는 키 작은 나무나 긴 풀만 무성하게 자랐다가 우기가 되면 계속해서 비가 내려 강을 이루지. 이 때문에 건기가 되면 사바나 초원에 사는 동물들은 물을 찾아 대이동을 해야 해. 대표적인 사바나 기후 지역은 아프리카 탄자니아와 케냐 일대의 세렝게티 평원이고, 인도와 인도차이나반도, 브라질과 오스트레일리아에서도 일부 볼 수 있어.

건기와 우기를 모두 견디고 난 식물이 초식 동물의 먹이가 돼.

건조 기후 지역에 사막만 있을까?

열대 기후처럼 덥지만 유독 비가 적게 오는 지역도 있어. 일 년 내내 내리는 강수량을 모두 합쳐도 500밀리미터가 되지 않는 **건조 기후** 지역이야. 이곳은 낮에 태양이 너무 뜨겁고, 밤에는 기온이 뚝 떨어지는 특징이 있어.

모래가 끝없이 펼쳐진 **사막**을 떠올렸다고? 맞아, 사막은 대표적인 건조 기후 지역이야. 아프리카의 사하라 사막뿐만 아니라 서아시아, 중앙아시아, 아메리카 대륙의 서쪽, 오스트레일리아 대륙의 가운데에도 사막이 있어.

다행히 메마른 사막에도 물이 있는 **오아시스** 지역이 있어서

퉤! 모래가 자꾸 씹히네.

미안해. 기후 변화 때문에 초원이 사막으로 바뀌는 곳이 많아.

사람도 동물도 그곳에 모여 살아. 사막에 사는 사람들은 뜨거운 햇볕으로부터 몸을 지켜 줄 긴 옷을 몸에 두르고 낙타를 타고 다녔어. 낙타는 혹에 있는 지방을 조금씩 사용해서 에너지와 물을 얻어. 한동안 먹이나 물을 먹지 않아도 견딜 수 있지.

건조 기후 지역 중에는 짧은 풀들이 자랄 만큼 비가 조금씩 내려서 초원을 이룬 곳도 있어. 중앙아시아 초원 지대에 사는 사람들은 풀을 뜯어 먹고 사는 가축을 키우며 유목 생활을 했어. 또한 건조 기후 지역 중에서도 땅이 기름진 곳에서는 건조해도 잘 자라는 밀을 대규모로 재배해. 아르헨티나의 팜파스, 북아메리카의 프레리 등이 유명한 밀 곡창 지대야.

많은 인구가 모여 사는 온대 기후 지역

온대 기후는 **계절**마다 특징이 뚜렷해. 또 추운 겨울 동안 농작물을 해치는 곤충이나 동물의 활동이 뜸해지고, 양분이 비로 씻겨 가지 않기 때문에 점점 날이 풀리면 땅이 비옥해져. 농사짓기에 딱 알맞지.

같은 온대 기후 지역이라도 우리나라 같은 동아시아의 나라들은 겨울에는 춥고 건조하고, 여름에는 덥고 습해. 반면 유럽의 해안 가까이 있는 나라들은 따뜻한 해류 덕분에 겨울에도 따뜻하지. 또 유럽 안에서도 영국처럼 자주 흐리고 비가 오는 곳도 있고, 내륙 지역처럼 대체로 건조한 곳도 있어.

한국의 여름은 습도가 높아서 더 덥게 느껴져.

한국의 겨울은 기온이 영하로 내려갈 정도로 추워.

이런 기후 특징 때문에 전통적으로 아시아는 벼를, 유럽은 밀을 많이 재배했어. 벼는 자랄 때 물이 충분히 필요하고 익어서는 물이 필요 없는데, 여름엔 비가 많이 오고 가을엔 건조한 아시아 날씨가 잘 맞아. 밀은 강수량이 적고 건조한 유럽에서 잘 자라지.

특히 여름이 뜨겁고 건조한 지중해 주변에는 예로부터 올리브나 포도, 오렌지 등을 많이 심었어.

온대 기후 지역은 농작물이 풍부하고 살기 좋은 환경이어서 자연스럽게 사람들이 많이 모여 살았어. 오늘날 세계적인 대도시 서울, 런던, 뉴욕, 파리 등이 온대 기후 지역에 있는 까닭을 알겠지?

그리스의 여름은 습도가 낮아서 그늘로 가면 시원하지.

그리스의 겨울은 그다지 춥지 않고 비가 많이 와.

숲이 빼곡한 냉대 기후 지역

온대 기후 지역에서 더 올라가면, 사계절은 있지만 겨울이 더 춥고 긴 **냉대 기후** 지역이야. 최고 기온이 10도 정도밖에 안 되는 곳도 있어. 북유럽과 러시아, 아시아 북부 지역, 캐나다와 미국 북부 지역 등이 해당돼. 이곳에서는 빙하의 작용으로 만들어진 호수, 빙하호도 볼 수 있어. 다른 곳에서 볼 수 없는 아름다운 경관이야.

냉대 기후 지역에서는 여름에만 짧게 밀, 감자, 옥수수 등을 재배해. 겨울이 길고 추워서 논농사를 짓기 어렵지. 대신 잎이

뾰족하고 건조와 추위에 강한 침엽수림이 촘촘히 자라. 이런 숲을 **타이가**라고 해. 침엽수가 대부분이지만 줄기가 하얀 자작나무와 가을에 낙엽이 지는 오리나무도 많이 볼 수 있어. 타이가는 전 세계 삼림의 30퍼센트에 이를 만큼 큰 면적을 차지하고 있어.

이 지역은 목재를 구하기 쉬워서 자연스럽게 임업이 발달했어. 종이의 원료인 펄프를 생산하기로 유명하지. 또 러시아나 북유럽 지역은 나무로 지은 집이나 다리, 건물 등이 많아. 하지만 오늘날에는 타이가의 나무들을 잘 보존해야 한다는 주장이 많아. 촘촘한 침엽수들이 온실가스를 묶어 두며 지구 환경을 지켜 주기 때문이야.

나무가 이만큼 높이 자라려면 엄청난 시간이 걸릴 테니 잘 보호해야겠어.

꽁꽁 얼었던 한대 기후 지역이 변한다고?

지구의 꼭대기 부근까지 올라가 보면 냉대 기후 지역보다 더 혹독하게 추운 곳이 있어. 가장 더운 달조차 평균 기온이 10도가 되지 않는 한대 기후 지역이야. 땅의 표면만 잠깐 녹고 깊숙한 곳은 일 년 내내 얼어 있기 때문에 큰 나무가 뿌리 내리지 못하고 풀이나 이끼만 자라. 이를 툰드라라고 하지.

툰드라는 죽은 이끼가 미생물에 의해 분해되지 못할 정도로 춥고, 농사짓기도 어려워. 알래스카의 이누이트, 시베리아의 네네츠인은 이 지역에 적응해 살아온 사람들이야. 그들은 농사짓

는 대신 물고기나 순록, 물개 등을 사냥해서 먹었어. 동물의 가죽과 털을 벗겨 옷을 해 입기도 했지. 툰드라의 기후에 적응해 살았던 동물들이 있었기에 사람도 살 수 있었던 셈이야.

지금은 석유와 천연가스 등의 자원 개발이나 과학 연구가 활발해져서 옛날처럼 전통 방식으로 사냥하며 사는 사람들은 많이 없어졌어. 오로라나 개썰매 등을 체험시켜 주는 관광업을 하기도 하지. 최근엔 급격한 기후 변화 때문에 얼음이 녹아서 툰드라가 사라질 위기에 처해 있대. 기후와 환경이 변화하면 그곳 사람들의 삶도 급변하게 돼.

3개월 정도 되는 짧은 여름에만 식물이 자란대.

이곳의 자연환경을 체험하기 위해 관광객들이 많이 오고 있어.

산꼭대기의 고산 기후 도시

남아메리카 대륙의 볼리비아는 남위 10도와 30도 사이에 있어. 위도로 본다면 무더운 열대 기후여야 하지만 볼리비아의 수도 라파스는 일 년 내내 날씨가 서늘해. 낮 기온이 15도 정도로 일정해서 활동하기에 아주 좋지. 여긴 바다로부터 3000~4000미터 높이에 있거든. 이렇게 높은 곳에서 나타나는 기후를 **고산 기후**라고 불러. 남아메리카에는 고산 기후인 도시가 여러 곳 있어. 멕시코의 수도 멕시코시티, 콜롬비아의 수도 보고타, 페루의 쿠스코 등이지.

고산 기후 지역은 우리나라 한라산보다 높은 산꼭대기에 있어. 높은 지역은 산 아래보다 산소가 부족하기 때문에 우리 몸에 필요한 산소를 충분히 얻을 수 없어. 그래서 그곳에 살지 않던 사람이 가면 **고산병**을 앓기도 해. 쉽게 지치고, 심하면 어지럽거나 쓰러지는 병이야. 이런 증상이 있을 때는 무리하지 말고 휴식 시간을 가지는 게 좋아.

더 알아보기

⚽ 전 세계의 기후가 변하고 있어

지금까지 다양한 기후에 관해 이야기했어. 이렇게 기후를 나눈 기준은 예부터 지금까지 쌓인 정보를 바탕으로 한 거야. 하지만 요즘엔 전 세계의 기후 예측 시스템이 요동치고 있대. 어떤 현상들이 벌어지고 있는지 살펴보자.

예측할 수 없는 기후 변화 현상

온대 기후인 그리스가 여름에 일주일 동안 50도 가까이 치솟으면서 산불이 나고 주민들이 대피하는가 하면, 북아프리카의 리비아에서는 폭풍으로 댐이 무너져 내리는 바람에 1만여 명이 목숨을 잃기도 했어. 우리나라만 해도 봄 가뭄이 심해져서 한 번 산불이 나면 며칠 동안 끄지 못하고, 여름에는 한 지역에 집중적으로 폭우가 쏟아지기도 해.

우리나라와 반대편에 있는 남아메리카의 우루과이는 물이 풍부한 나라였는데 최근에 가뭄이 심해져서 학교에서 쓰는 물까지 제한했다고 해. 지부티, 에티오피아, 케냐, 소말리아 등 아프리카 동북부에 있는 국가들은 2020년 말부터 40년 만에 최악의 가뭄을 겪고 있어.

전문가들은 심각한 기후 변화의 원인이 자연 파괴 때문이라고 해. '지구의 허파'라고 불리는 아마존 열대 우림만 해도 해마다 축구장 3000개에 해당하는 면적이 파괴되고 있어. 더불어 화석 연료를 사용하면서 이산화 탄소를 계속해서 배출하는 것도 큰 원인 중 하나야.

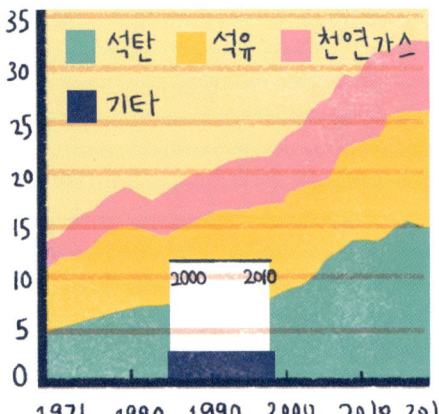

화석 연료별 이산화 탄소 배출량
(국제에너지기구, 2019)

온실가스 배출을 줄이기 위한 노력

기후 변화가 위험한 수준에 이르렀다는 인식이 늘면서, 세계 여러 나라들은 지구 온난화를 막기 위해 이산화 탄소 등의 온실가스 배출을 줄이기로 했어. 2015년 프랑스 파리에서는 각 국가들이 지구의 평균 기온이 2도 이상 오르지 않도록 스스로 온실가스를 줄이는 목표를 정해 노력하기로 했지. 무려 195개국이 뜻을 모았어.

환경을 지키기 위한 노력들이 많아. 적도 부근에 위치한 아프리카 케냐에서는 화석 연료를 대체할 태양광 발전 기술을 열심히 개발하고 있어. 석유를 생산하는 아랍에미리트도 수도 아부다비 근처에 탄소 제로 도시를 짓고 있지. 또한 브라질 쿠리치바에서는 획기적인 대중 교통 정책을 도입하고, 녹지를 늘리며 생태 도시로 자리매김했어. 유럽 연합에서는 2035년부터 탄소를 배출하지 않는 자동차만 출시할 수 있다는 법안을 통과시켰어.

우리나라도 온실가스 배출량을 줄이기 위해 노력하고 재생 에너지와 여러 친환경 기술을 개발하고 있지. 생활 속에서 플라스틱이나 일회용품 사용을 줄이고, 전기 자동차의 보급을 늘리는 것도 그 노력 중 하나야.

쿠리치바 주민 1인당 녹지 비율은 노르웨이 오슬로에 이어 세계 두 번째로 넓어.

쿠리치바는 도로 중앙에 급행 버스 전용 차로가 있어서, 빠른 승하차로 불필요한 공회전을 줄여 대기 오염을 막을 수 있어.

★ 알쏭달쏭 낱말 사전

빙하호

빙하가 녹은 물이나 빙하로 인해 물의 흐름이 막혀서 만들어진 호수예요. 전 세계 민물의 20퍼센트 이상을 차지하지요. 캐나다와 미국 사이에 있는 오대호는 전체 빙하호의 80퍼센트를 차지해요. 핀란드나 스웨덴도 호수의 나라로 불릴 만큼 빙하호가 많아요.

캐나다 밴프 국립 공원에 있는 모레인호예요. 모레인호는 빙하가 녹으며 만들어져서 아주 차갑고 깨끗해요. 게다가 빙하에 있던 작은 광물 입자들이 빛을 받으면 에메랄드색으로 빛나요.

열대 우림

기온이 높고 비가 많이 내리는 열대 지방에 발달한 산림이에요. 전체 육지 면적 중 7퍼센트 정도 되는데, 전 세계 생물의 30퍼센트가 이곳에 살고 있어요. 브라질의 아마존, 중앙아프리카의 콩고 분지, 동남아시아의 수마트라섬, 오세아니아의 괌 등에서도 열대 우림을 볼 수 있어요.

열대 우림에는 덥고 습한 기후를 좋아하는 다양한 동식물이 살아요.

오아시스

사막 가운데 샘이 솟고 풀과 나무가 자라는 곳이에요. 농사를 짓고, 마을이 생길 수 있어요. 시와는 이집트 사막에서 가장 유명한 오아시스 도시예요. 200여 개의 천연 샘과 호수들이 있지요.

임업

숲에서 얻을 수 있는 것으로 경제 활동을 하는 거예요. 주로 나무를 베어 목재를 생산하고, 열매, 버섯 등을 채취하는 일이지요. 우리나라는 산지가 많아 숲이 차지한 면적이 넓어서 임업이 발달했어요. 최근에는 국토를 보존하고 관광과 휴양을 위해 자원의 가치를 유지하는 활동도 임업에 속해요.

숲에서 일하는 직업 중에는 숲 해설가나 유아 숲 교육가도 있어요. 어린이들이 산림에 대한 지식을 얻고, 다양한 자연을 경험하면서 좋은 정서를 기르도록 돕지요.

지구 온난화

지구의 기온이 높아지는 현상이에요. 지구 대기 중에 이산화 탄소와 같은 온실가스 농도가 증가하여, 태양으로부터 지구에 들어온 에너지가 지구 밖으로 잘 빠져나가지 못하고 흡수되어서 온실처럼 더워진 거예요. 지구 온난화로 인해 이상 기후가 나타나면서 지구가 점점 생물들이 살기 힘든 환경이 되고 있어요.

우리나라는 지속적으로 온실가스를 줄이는 목표를 세우고 있어요. 2018년 대비 40퍼센트를 줄이는 '2030 국가 온실가스 감축 목표 상향안'을 확정했지요.

⭐ 도전! 퀴즈 왕

왼쪽에 쓰인 설명을 잘 읽고 알맞은 기후를 찾아 줄을 이어 보세요.

1. 일 년 내내 기온이 18도 이상으로 덥고 비가 많이 와요. ●   ● ① 냉대 기후

2. 일 년 내내 강수량을 모두 합쳐도 500밀리미터를 넘지 않아요. 낮에는 태양이 뜨겁고 밤에는 기온이 뚝 떨어져요. ●   ● ② 온대 기후

3. 계절의 변화가 뚜렷해요. 농사짓기에 좋고 살기 좋은 환경이어서 사람들이 많이 모여 살아요. ●   ● ③ 건조 기후

4. 사계절이 있지만 겨울이 무척 추워요. 최고 기온이 10도 정도밖에 안 돼요. ●   ● ④ 열대 기후

5. 일 년 내내 땅이 얼어 있을 정도로 아주 춥고, 풀이나 이끼 정도만 자랄 수 있어요. ●   ● ⑤ 한대 기후

정답 1-④ 2-③ 3-② 4-① 5-⑤

④
다양한 지구촌 생활 모습

세계 문화

축구할 때 머리에 천을 두른다고?

이슬람 여성들이 얼굴의 일부나 머리를 둘러싸기 위해 쓰는 두건을 히잡이라고 해. 왜 히잡을 쓰는 걸까? 이슬람교가 생겨난 아라비아반도에서는 원래 뜨거운 태양을 가리고 모래바람으로부터 몸을 보호하는 옷이 발달했어. 그런데 이슬람교가 생겨나면서 그 가르침에 따라 옷차림이 종교적인 관습이 된 거야. 우리와 다른 사람들의 모습을 이해하려면 세계 지형과 기후뿐 아니라 문화에 대해서도 알아야 해.

사람들은 예부터 자연환경에 맞춰 저마다 다른 모습으로 생활해 왔어. 환경에 맞는 옷을 입고, 집을 짓고, 주변에서 쉽게 구할 수 있는 재료로 음식을 만들어 먹었지. 척박한 환경을 극복하면서 그 지역만의 문화를 만들기도 했어. 이처럼 사람들이 가지고 있는 공통의 생활 방식을 **문화**라고 해.

문화는 사람들이 입고, 먹고, 사는 의식주를 비롯해서, 언어, 풍습, 종교, 학문, 예술, 제도 등을 모두 포함하고 있어. 이러한 생활 방식은 사람들이 오랜 시간을 함께 생활하면서 만들어지고 전해져 내려온 거야. 지금부터 세계 여러 나라 사람들의 다양한 생활 방식을 살펴보자.

자연환경과 기후에 따라 옷차림이 달라

지금은 상상하기 어렵겠지만 옛날에는 어떤 사람의 옷차림만 봐도 어느 나라에서 왔는지 알 수 있었대. 한 지역 안에서는 기후에 맞춰 그곳에서 구하기 쉬운 재료로 옷을 만들어 입었기 때문이야.

뜨거운 건조 기후 지역에 사는 이집트 사람들은 바람이 잘 통하는 천을 몸에 헐렁하게 둘러 입었어. 나일강 주변에서 자라는 아마의 줄기 껍질을 이용해서 옷감을 만들었지. 반면 추운 한대 기후 지역에 사는 사람들은 추위와 바람을 효과적으로 막아 주는 옷을 입었어. 동물의 털과 가죽으로 만든 두꺼운 외투와 바지를 입고, 장갑과 여러 겹의 신발도 착용했어.

이집트에서는 시원한 옷이 딱이야.

추운 곳에서는 두툼한 옷으로 체온을 잘 지켜야 해.

남아메리카의 전통 의상인 판초는 본래 안데스산맥에 살던 원주민들이 체온을 유지하기 위해 입고 다녔던 옷이라고 해. 그곳은 고산 기후 지역이라 서늘한 순간에 얼른 머리만 넣어 이불처럼 덮는 판초가 유용했을 거야. 그리고 네덜란드의 나무 신발 '클롬펜'은 진흙이 많은 땅에서 일할 때 발을 보호해 주었대.

　오늘날에는 전통 의상을 잘 입지 않지만, 여전히 우리는 계절과 기온에 맞는 옷차림을 해. 무더운 여름에는 시원하고 짧은 옷을, 추운 겨울에는 두툼한 외투와 긴 옷을 입지. 다른 지역으로 여행을 갈 땐 꼭 그곳의 기후와 계절을 확인하고 옷을 가져가는 게 좋겠지?

판초를 입으니까 따뜻해. 생긴 게 우비 같기도 하네.

클롬펜은 무겁지 않아서 일할 때 신기 좋겠는걸.

세계 음식이 다양한 이유가 있어

기후와 자연환경의 차이는 옷뿐만 아니라 먹거리에도 큰 영향을 줘. 손쉽게 구할 수 있는 식재료가 달라지니까 말이야.

주로 벼농사를 짓는 우리가 밥을 **주식**으로 하듯 밀농사를 짓는 유럽 같은 곳은 빵을 주식으로 해. 밀이나 쌀보다 옥수수를 많이 재배하는 남아메리카에서는 옥수수로 만든 빵을 많이 먹지. 주식이 달라지면 자연스럽게 곁들이는 음식도 달라지니까 나라마다 고유한 음식 문화가 생기게 돼.

사계절이 뚜렷한 온대 기후 지역에서는 계절마다 나는 제철 재료가 달라서 다양한 계절 음식이 발달했어. 또 열대 기후 지역은 덥고 습해서 음식이 쉽게 상하기 때문에 날음식보다는 기름에 튀기거나 익힌 음식을 많이 먹어. 사막이나 초원에서 유목 생활을 하는 사람들은 이동이 많아서 농사를 지을 수 없었어. 그래서 채소보다는 주로 고기를 먹었어.

나라끼리 교류하면서 식재료와 조리법을 주고받으며 새로운 음식을 만들기도 했어. 우리나라에 매운 요리가 많아진 계기도

1600년경에 멕시코에서 재배된 빨간 고추가 들어왔기 때문이야. 요즘은 세계인들이 케이 푸드라고 하면 칼칼한 음식을 떠올리지!

오늘날에는 어디서든 세계 여러 나라의 음식을 맛볼 수 있어. 미국에서는 한식이 유행이라 한국 식당을 쉽게 볼 수 있고, 우리나라에서 태국, 이탈리아 등 다른 나라 음식을 먹는 것도 자연스러워. 지구 반대편에서 나는 과일도 제철로 먹을 수 있을 정도야. 대단하지?

자연환경과 기후에 따라 집의 생김새가 달라

　각 지역의 **전통 집**을 살펴보면 자연환경을 어떻게 활용했는지 알 수 있어. 한대 기후 지역에 사는 이누이트는 눈 벽돌로 만든 이글루에서 살았어. 집이 더 추운 거 아니냐고? 이글루는 입구를 낮고 길게 내고 안쪽에서 눈 벽돌 사이 틈을 메웠어. 그럼 바깥공기가 잘 들어오지 않아. 그 안에 불을 피우면 제법 따뜻했다고 해. 열대 기후 지역에서는 홍수가 날 위험 때문에 집을 지을 때 땅에 기둥을 박아 집을 땅에서 약간 띄워서 지었어. 건조 기후 지역에서 유목 생활을 하는 사람들은 자주 이동해야 해서 짓고 거두기 편한 집을 지었지. 몽골의 게르, 북아메리카 원주민의 티피가 대표적이야.

　전통 집에 담긴 지혜는 오늘날까지 이어져. 우리나라 아파트에는 전통 온돌 방식을 적용해 바닥이 따뜻해. 사막 지역인 아랍에미리트에서는 '바르질'이라고 하는 바람기둥을 만들어서 집 안에 차가운 공기를 들였대. 지금도 이를 활용해서 에어컨 없이도 건물 내부의 기온을 낮출 수 있지.

전통 집은 관광 자원이 되기도 해. 우리나라에 여행 온 외국인 관광객이 한옥을 체험하듯 우리도 외국에 가서 이글루나 고상 가옥 등 독특한 문화를 체험하기도 해. 전통과 오늘날의 문화는 이렇게 이어지고 있어.

종교가 다르면 일상생활도 다를까?

종교는 신이나 초자연적인 힘에 대한 믿음으로 삶의 의미를 구하고, 고민을 해결하는 문화 체계야. 종교는 아주 오래전에 생겨나 왕이 나라를 다스릴 때 도움을 받고, 나라의 중심 사상이 되기도 했어. 각 나라의 역사적 상황에 따라 중심이 되는 종교가 바뀌기도 했지.

종교마다 지켜야 할 **규범**이 매우 달라서 각 종교를 믿는 사람들의 생활 모습도 차이가 나. 이슬람교도는 평소 남자들은 '터번'이라는 천을 둘러 만든 모자를 쓰고, 여자들은 천으로 머리를 둘러싸는 히잡을 써. 사막에 살기 때문이기도 하지만, 종교 규범이 관습으로 강력하게 굳어진 거야.

종교 규범에 음식을 제한하는 경우도 있어. 이슬람교도는 술과 돼지고기를 먹지 않아. 인도의 힌두교도는 소고기를 먹지 않

지. 힌두교에서는 소를 신성하게 여기거든. 그래서 종교가 다른 사람을 만나거나 다른 나라를 방문할 때는 종교 문화를 미리 알고 가면 큰 도움이 돼.

종교마다 챙기는 기념일이 다르기도 해. 기독교는 크리스마스, 불교는 석가 탄신일, 이슬람교는 라마단, 힌두교는 디왈리 등이 중요한 기념일이야.

크리스마스에는 상록수에 전구와 소품을 달아 장식하고, 사랑하는 사람들과 선물을 주고받아.

라마단에는 해가 떠 있는 동안 음식을 먹지 않고, 매일 다섯 번의 기도를 해.

석가 탄신일에는 석가의 탄생을 축하하고 소원을 빌며 등에 불을 밝혀 매달아.

디왈리에는 닷새 동안 집과 사원에 불을 밝히고 힌두교의 신들에게 감사 기도를 올려.

다양한 문화를 접하고 교류해

언어나 풍습, 기념일과 축제 등에서도 다양한 문화를 살펴볼 수 있어. 한국, 일본, 중국은 지리적으로 가까이에 있고 공통적으로 한자를 쓰지만, 언어와 문자는 서로 달라. 알파벳과 유사한 문자를 사용하는 나라들도 저마다의 언어를 쓰지. 그래서 외국어를 배우다 보면 자연스럽게 그 나라의 문화도 접할 수 있어.

교통과 통신이 발달하기 전에는 사람이 고향을 떠나 다른 지역으로 옮겨 가거나, 다른 지역의 사람과 교류하는 일이 흔하지 않았어. 고작 내가 사는 동네, 마을이 전부였지. 상인이나 낯선

여행자로부터 가끔 다른 지역의 소식을 들을 수 있었어.

지금은 마음만 먹으면 세계 어디든 여행을 떠날 수 있어. 굳이 외국에 가지 않아도 우리나라에서 다양한 나라 사람들과 만나기도 해. 한국이 좋아서 한국어를 배우러 오거나 여행을 온 사람도 있고, 일자리를 찾아서 또는 한국 사람과 결혼해서 한국 국적을 얻은 사람도 많지. 이처럼 여러 나라 사람들이 어우러져 살아가기 때문에 서로 다른 문화에 대해 알고 편견 없이 받아들이는 태도가 점점 더 중요해지고 있어.

더 알아보기

🍱 세계화, 과연 좋은 점만 있을까?

예전에는 한곳의 문화가 다른 지역으로 퍼지는 데 오랜 시간이 걸렸지만 지금은 그 차이가 별로 없어. 인터넷과 휴대폰만 켜면 순식간에 세계에서 가장 유행하는 영상이 뭔지, 패션이 뭔지 알 수 있으니까 하나의 유행이 전 세계를 휩쓸기도 해. 이렇게 지구촌 여러 나라 사람들이 서로 가깝게 연결되어 긴밀하게 영향을 주고받는 것을 '세계화'라고 해. 그럼 세계화로 지구촌이 비슷하게 되어 가는 현상은 좋기만 할까?

세계의 문화가 하나로 통일되면 좋을까?

같은 문화를 공유하면 소통이 더 잘될 수 있지만 모두 한결같이 획일화하는 건 좋지 않아. 우리가 세계여행을 갔는데 여기를 가도 저기를 가도 모두 비슷한 음식에, 옷에, 건축물이 보인다면 어떨까? 또 하나의 가치관만 옳다고 인정받는 세상에서 산다면 어떨까? 참 지루하고 답답할 거야. 각자의 개성을 지키며 다양성을 유지하는 것도 꼭 필요한 일이야.

세계화에 발맞추지 못하면 잘못된 걸까?

특정 지역의 사람들이 동질감과 소속감을 느끼는 데 문화가 큰 역할을 해. 하지만 한 지역 안에서 세계화에 빨리 따라가려는 사람과 그렇지 못한 사람들 사이에 갈등이 생길 수도 있어. 소수의 문화를 잊거나 거부하는 일이 벌어지지. 예를 들면, 세계 공통으로 쓰는 영어를 중요시하면서 소수 민족의 언어는 더 이상 배우지 않고 관심을 두지 않는 거야. 실제로 기후 변화로 인해 소수 민족이 흩어지면서 소수 민족 언어 577개가 사라질 위기에 처했대. 언어가 사라지면 그 민족의 전통과 문화도 함께 잊혀질 거야.

전통문화에서 답을 찾자

각 나라들은 세계화의 이점을 취하면서도 자기 나라만의 전통문화를 지키고 활용하려고 노력하고 있어. 전통문화는 그 나라 고유의 생활 모습이 오랜 시간 쌓이며 만들어져서, 언제라도 가치 있게 쓰일 수 있어. 세계화에 발맞추어서 전통문화를 오늘날에 맞게 변화시켜 세계인에게 알릴 수도 있지. 우리의 고유성을 유지하면서 다른 문화와 차별화하는 노력이 필요해.

★ 알쏭달쏭 낱말 사전

세계화

세계 여러 나라를 이해하고 서로 영향을 주고받는 현상이에요. 나라 간 이동이 활발하여 정치, 경제, 문화 등 경계가 없어지고 지구가 마치 하나의 생활 공간처럼 여겨지지요. 언제든지 세계의 소식을 듣고, 외국의 물건을 사거나 여행을 가는 일이 자유로워요.

케이팝 문화가 전 세계적으로 인기를 누리고 있어요. 파리 유네스코 본부에서 열린 공연에 우리나라 케이팝 가수가 초청되어 공연하기도 했지요.

유목

일정한 곳에 계속 머물지 않고, 물과 풀밭을 찾아 옮겨 다니면서 목축을 하며 사는 삶이에요. 몽골과 같은 중앙아시아, 이란, 아라비아 등 사막이나 초원 지역에 사는 사람들은 주로 유목 생활을 하지요.

몽골의 목동이 양과 염소에게 풀을 먹인 뒤 집으로 돌아가고 있어요. 양과 염소를 키워서 고기와 젖, 털 등을 얻지요.

의식주

사람이 살아가는 데 꼭 필요한 세 가지 기본 요소인 옷, 음식, 집을 뜻해요. 어느 지역에 사는지, 기후가 어떤지에 따라 의식주가 달라지지요.

인문 환경

인간 활동의 결과로 만들어진 환경이에요. 논, 밭, 건물, 도로뿐 아니라 옷, 음식, 놀이, 건축물 등이 해당되지요. 사람들은 교통이 편리하고, 산업과 문화 시설이 발달한 곳에 모이므로, 인문 환경이 도시 발달에 미치는 영향이 크지요.

많은 사람이 모여 살기 위해 만들어진 도시를 살펴보면 인문 환경이 무엇인지 한눈에 볼 수 있어요.

편견

공정하지 못하고 한쪽으로 치우친 생각이에요. 나와 다른 옷을 입고 다른 음식을 먹는다는 이유로 그 사람을 낮추어 보거나 나쁘게 보는 건 편견이에요.

풍습

예부터 그 사회에 전해져 되풀이되는 생활 전반에 걸친 습관이에요. 문화보다는 오래전부터 되풀이되어 왔다는 의미에 더 초점을 맞춰 말할 때 사용해요.

우리나라는 설날에 친척이나 이웃 어른들을 찾아뵙고 세배를 하는 풍습이 있어요.

⭐ 도전! 퀴즈 왕

다음 설명 중 틀린 것을 고르세요.

1. 사람들이 가지고 있는 공통의 생활 방식을 문화라고 해요.

2. 남아메리카의 고산 기후 지역에서 입는 판초는 바람이 잘 통하는 천으로 시원하게 만들었어요.

3. 벼농사를 주로 짓는 곳에서는 밥을, 밀농사를 주로 짓는 곳에서는 빵을 주식으로 해요.

4. 몽골의 게르나 북아메리카 원주민의 티피는 집을 짓고 거두기 편해요.

5. 인도의 힌두교도는 소를 신성하게 여겨서 소고기를 먹지 않아요.

⑤ 세계를 제대로 알고 확실하게 지키기 위해

세계화 속 세계 시민

또다시 축구 경기가 멈춘다면?

 2019년 중국 우한에서 시작된 코로나19는 순식간에 전 세계로 퍼졌어. 전 세계 나라들이 문을 걸어 잠근 채 사람들이 모이는 것을 막고, 마스크를 쓰도록 했어. 나라 간에 비행기 운항이 현저히 줄고 국제 행사도 모두 취소되었지. 축구 경기도 예외는 아니었어. 2020년에 열릴 예정이던 카타르 월드컵 예선전이 미뤄졌을 때 전 세계 축구 팬들의 마음이 딱 꿈속 시윤이 같았을 거야.

 한 지역에서 시작된 질병이 전 세계의 유행병으로 번지면서 온 지구가 멈춰 선 걸 겪고 나니, 우리가 서로 연결된 **지구촌**에 살고 있다는 사실이 실감 나지?

끔찍하고 잔인한 갈등과 전쟁

하나의 마을처럼 살아가면서도 지구촌 곳곳에서는 다양한 이유로 갈등이 생기기도 해. 가까이 있는 나라들끼리 다투기도 하고, 한 나라 안에서 전쟁이 일어나기도 하지.

아프리카는 서양의 지배를 받다가 1945년에 제2차 세계 대전이 끝나고 하나씩 독립하게 되었어. 하지만 서양의 힘센 나라들이 멋대로 국경을 나누는 바람에, 한 나라 안에 여러 종족이

살거나, 한 종족이 서로 다른 나라에 흩어져 살게 되었지. 나이지리아에서는 언어, 민족, 종교가 다른 250여 종족들의 갈등으로 여러 차례 내전이 벌어졌어. 소말리아를 세운 소말리족은 지부티, 에티오피아, 케냐에 흩어져 사는 소말리족을 모으기 위해 주변 나라들과 전쟁을 벌였어.

이스라엘과 팔레스타인의 전쟁도 아주 오래전부터 이어진 갈등 중 하나야. 하나의 영토를 두고 유대교를 믿는 이스라엘과 이슬람교를 믿는 팔레스타인이 다툼을 벌이고 있어. 종교와 영토 문제에다, 팔레스타인을 지지하는 나라들과 이스라엘을 지지하는 나라들의 관계까지 복잡하게 얽혀 있지.

이처럼 전쟁이 일어나면 사람들이 다치거나 목숨을 잃어. 아이들은 고아가 되고 학교에도 갈 수 없지. 나라 간에 난민들 때문에 갈등이 생기거나, 무역이 끊기며 경제적인 어려움을 겪기도 해. 일부 지역의 갈등이 지구촌 문제로 커질 수 있는 거야.

19세기에 영국, 프랑스, 포르투갈 등 유럽 열강들이 지도에 국경선을 마음대로 긋고 땅을 나눠 가졌어.

쓰레기로 인한 생태계 파괴

　우리가 버리는 쓰레기도 세계적인 문제가 되고 있어. 북태평양에 커다란 쓰레기 섬이 있다는 사실 알고 있니? 태평양으로 플라스틱 쓰레기가 흘러가면, 초기에는 북태평양 환류를 따라 이동하다가 시간이 지나면서 결국 해류의 흐름이 약한 환류의 안쪽으로 모여 섬을 이뤄. 그중 가장 규모가 큰 게 **북태평양 쓰레기 섬**이야.

　북태평양 쓰레기 섬은 우리나라 면적의 16배 정도 크기야. 눈에 보이는 부분뿐만 아니라 수심 아래까지 빙산처럼 쓰레기가 모여 있어. 그중 우리나라에서 온 것으로 추정되는 게 약 10퍼센트로 중국, 일본에 이어 3위를 차지한다고 해.

　플라스틱 쓰레기로 인해 해양 생물들이 다치거나 죽는 문제는 심각해. 게다가 플라스틱을 먹은 동물을 잡아먹은 동물들의 몸에 **미세 플라스틱**이 축적되어서, 해산물을 먹는 우리 몸에도 미세

플라스틱이 쌓여 가. 생태계가 위험에 빠지면 결국 우리도 살아남기 힘들어질 거야.

해양 쓰레기 문제는 지구 생태계와 우리 모두가 연결된 중요한 문제야. **지속 가능한 미래**를 위해서 지구촌에 사는 우리 각자, 기업, 국가 모두 나서야 할 때야.

동물들이 플라스틱 쓰레기를 잘못 삼켜서 죽기도 해.

물고기가 쓰레기에 걸리거나 갇히면 빠져나오지 못해.

가난과 굶주림에 시달리는 사람들

2022년에 아프리카의 마다가스카르는 40년 만에 최악의 가뭄을 맞은 데다, 강력한 태풍으로 홍수와 산사태를 겪으면서 최대 65퍼센트의 농작물을 잃었어. 약 220만 명의 국민이 굶주림에 시달리게 되었지. 잘사는 나라는 식량이 넘쳐 나지만, 못사는 나라는 먹을 것이 부족해서 힘들어하고 있어.

지구촌 곳곳에는 다양한 이유로 가난에 시달리는 사람들이 많아. 가족의 생계를 위해 학교에 못 가고 일을 해야 하는 어린이도 있어. 인도와 파키스탄에서는 어린이들이 형편없이 적은 돈을 받으며 오랜 시간 바느질을 해 축구공을 만들어야 하

지. 또 아프리카의 르완다는 대규모 내전이 일어나서 집과 일터가 파괴되고 경제가 무너지면서, 농업과 다른 산업이 제대로 발전하지 못했어. 게다가 요즘은 **지구 온난화**로 이상 기후가 나타나면서, 홍수, 태풍, 산불 등의 피해가 커졌어. 강수량이 줄어 가뭄이 들면서 식량이 줄어드는 곳도 많아졌지.

가난과 굶주림의 문제 역시 한 지역만의 문제가 아니라 지구촌에 사는 우리 모두와 연결된 문제야. 특히 온실가스로 인한 지구 온난화는 이 시대를 사는 우리 모두의 책임이지.

국제기구와 비정부 기구가 나서서 해결해

　세계 여러 나라들은 서로 활발히 교류하고 있어서, 어느 한 나라의 일이 다른 많은 나라에도 영향을 주게 되었어. 특히나 지구촌 문제들은 어느 한 나라의 힘만으로는 해결하기 어렵기 때문에 여러 나라가 모여 국제기구를 만들었지.

　국제기구는 두 나라 이상의 회원국으로 구성된 조직이야. 나라 간에 서로 의존하며 위기를 예방하고, 공통의 문제들을 해결하기 위해 체계적으로 국제 협력을 요청할 수 있어. 예를 들어, 유엔 난민 기구는 집을 잃은 난민이 안전하게 지낼 수 있도록

재난 지역에 가서 구호품을 나눠 줘.

전쟁이 난 곳에 평화 유지군을 파견해.

돕는 일을 해.

　나라를 넘어 각 개인들이 모여 협력을 이루는 **비정부 기구**도 있어. 뜻이 같은 사람들이 모여 지구촌의 여러 문제를 해결하고자 활동하는 거야. 인권, 환경, 보건, 빈곤 퇴치, 성 평등 등 다양한 분야에서 노력하고 있지. 비정부 기구는 국가나 다른 단체의 간섭을 받지 않고 활동 목적에 충실할 수 있다는 점이 좋아.

　관심 있는 분야가 있다면 관련된 국제기구나 비정부 기구를 찾아보고 어떤 일을 하는지 알아봐도 좋겠지?

여러 나라들이 모여 세계의 평화를 지키기 위해 논의해.

작은 기부가 큰 힘이 됨을 알리기도 해.

시민들이 모여 문제를 해결하기 위해 시위 등을 통해 메시지를 전해.

세계 시민인 우리도 함께해

국제기구나 비정부 기구처럼 국제적인 협력이나 대규모의 일에 참여해야만 지구촌 문제에 도움이 되는 것은 아니야. 우리도 작은 노력만 있다면 충분히 해낼 수 있어. 세계 여러 문제에 관심을 갖고 작은 일이라도 실천하려는 사람들을 **세계 시민**이라고 해. 세계 시민은 어떤 특별한 사람들이 아니라, 지구촌에 사는 누구라도 될 수 있지.

세계 시민으로서 우리는 어떤 일을 할 수 있을까? 전 세계 곳곳의 문제에 관심을 갖고 알아 가는 것부터 시작이야. 어디에서 일어난 일인지, 어떤 환경에 둘러싸여 있는지, 어떤 역사와 문화를 바탕으로 벌어진 일인지 등을 인터넷이나 책을 통해 알아보는 거야. 각 나라가 우리나라에 만든 문화원이나 지역마다 있는 다문화 지원 센터에 찾아가 보는 방법도 있어. 이를 바탕으로 주변 사람들과 이야기 나누거나, 사회 관계망

너는 무슨 문제에 관심 있어? 난 아프리카에서 굶주리는 아이들을 찾아볼래.

서비스(SNS)를 통해 문제를 알릴 수도 있어.

이크, 축구를 보다가 세계 시민 이야기까지 해 버렸네. 세계 지리를 접하고 나니 지구촌이 긴밀히 연결되어 있다는 걸 알겠지? 앞으로 미래를 이끌 너희들에게 꼭 도움을 주는 이야기였으면 좋겠어.

> 더 알아보기

🔖 지속 가능한 지구촌을 위한 국제기구와 비정부 기구

　세계에는 어떤 국제기구와 비정부 기구들이 있으며, 이들은 어떤 문제를 해결하려고 노력하고 있을까?

국제기구

국제 연합(UN)

세계의 평화와 안전을 지키기 위해 만들어졌어. 정치, 경제, 사회, 문화 등 모든 분야의 국제적인 힘을 모으는 일을 해. 오른쪽 사진처럼 유엔 본부에 각 국의 대표들이 모여 국제 문제를 논의하고 결정하지.

세계 보건 기구(WHO)

보건과 위생 분야에서 국제적인 협력을 하기 위해 만들어졌어. 사람들의 건강을 위해 위생 정도를 조사하고, 전염병 대책을 마련해. 전쟁이 난 곳에는 의약품이나 의료 도구를 지원하지.

경제 개발 협력 기구(OECD)

잘사는 나라들이 모여 더 나은 삶을 위한 정책을 함께 고민해. 경제를 발전시키고, 좋은 일자리를 만들고, 환경 문제도 해결하는 등 여러 나라가 서로 돕고 발전할 수 있도록 다양한 방법을 연구하지. 우리나라를 비롯해 현재 38개국이 가입했어. 대부분 민주주의와 시장 경제가 발전한 나라들이야.

비정부 기구

국경 없는 의사회

종교나 문화, 정치적 성향 등과 상관없이 아픈 사람이 있는 곳이라면 찾아가 도와주는 일을 해. 전쟁, 지진 등 어려움에 처한 곳에 의사나 간호사, 약사 등이 직접 가서 아픈 사람들을 치료하고 병을 예방하는 활동을 해.

그린피스

자연환경을 위협하는 다양한 행위들에 비폭력적으로 맞서는 캠페인 활동을 주로 해. 환경을 파괴하는 프레온 가스를 사용하지 않고 지금의 친환경 냉매로 냉장고를 만들게 된 것도 그린피스 덕분이야. 국제 플라스틱 협약을 앞두고는 거대 플라스틱 괴물 조형물로 퍼포먼스를 펼치기도 했어.

월드비전

어린이 후원을 통해 세계의 가난한 나라들을 도와. 1950년에 한국 전쟁으로 고통받는 우리나라 어린이들을 도와주기도 했어. 최근에는 '세계 여아의 날'을 맞아 사회 봉사단 학생들이 아프리카 소녀들에게 면 생리대 선물을 보냈어.

⭐ 알쏭달쏭 낱말 사전

난민
전쟁이나 자연재해 때문에 자기가 살던 지역이나 나라를 떠난 사람들이에요. 유엔 난민 보고서에 따르면 2022년 난민은 1억 840만 명이나 된다고 해요. 그중 절반 정도가 전쟁이 일어났던 시리아, 우크라이나, 아프가니스탄 출신이었어요.

아프리카 난민들이 다른 나라로 건너가려고 나무 보트를 타고 지중해를 떠돌다가 구조되는 일도 있었어요.

내전
한 나라 안에서 일어나는 전쟁이에요. 선거 등으로 합법적으로 세운 정부에 반대하며 다른 정부를 세우려는 경우 두 정부 간에 전쟁이 일어나요. 내전이 일어나면 많은 사람들이 다치거나 집을 잃고, 평범한 생활을 할 수 없게 돼요.

시리아에서는 2012년부터 내전이 시작되면서 지금까지도 혼란스러운 상황이 이어지고 국민들도 고통받고 있어요.

세계 시민

지구촌 문제를 알고 해결하기 위해 협력하는 사람들을 가리키는 말이에요. 평소에 물과 전기 아껴 쓰기, 일회용품 사용 줄이기, 재활용 가능한 물건 기증하기 등과 같은 작은 일부터 실천하면 되지요. 서로의 다름과 다양성을 존중하는 마음도 꼭 필요해요.

외교

나라와 나라 간에 정치적, 경제적, 문화적 관계를 맺는 일이에요. 각 나라의 원수, 외교부 장관, 외교 사절 등은 자국의 목적과 이익을 달성하기 위하여 외국의 대표자와 회담하고 여러 가지 활동을 해요. 공식적으로 나라 간의 관계를 다루는 곳이 외교부예요.

한중 경제 공동 위원회가 모여 회의를 하고 있어요. 우리나라는 중국을 비롯해 미국, 일본 등과 교류하며 우리나라에 이익이 되는 방안을 찾고 있어요.

지속 가능한 미래

지구촌의 사람들이 오늘날의 발전뿐만 아니라 미래 세대의 환경과 발전을 위해 책임감 있게 행동해 지구촌의 지속 가능성을 높여 가는 거예요. 이를 위해 환경을 지키고 보존해야 할 책임이 있지요.

환경 운동가로 알려진 스웨덴 청소년 그레타 툰베리가 스위스 다보스에서 열린 세계 경제 포럼에서 지속 가능한 미래에 대해 연설했어요.

⭐ 도전! 퀴즈 왕

자음만 보고 알맞은 단어를 맞혀 보세요.

1. 바다에 플라스틱 쓰레기가 많아지면 해양 생물들의 몸에 ㅁㅅ ㅍㄹㅅㅌ이 쌓이고, 해산물을 먹는 우리 몸에도 들어와요.

    ㅁㅅ ㅍㄹㅅㅌ

2. 지구의 온도가 점점 높아지는 ㅈㄱ ㅇㄴㅎ로 인해 기후가 변해서 홍수, 태풍, 산불 등의 피해가 커져요.

    ㅈㄱ ㅇㄴㅎ

3. 지구촌 문제는 한 나라의 힘만으로는 해결하기 어렵기 때문에 여러 나라가 모여 ㄱㅈㄱㄱ를 만들었어요.

    ㄱㅈㄱㄱ

4. 나라 간의 모임은 아니지만, 나라를 넘어 뜻이 같은 개인들이 모여 협력을 이루는 ㅂㅈㅂ ㄱㄱ가 있어요.

    ㅂㅈㅂ ㄱㄱ

정답 1. 미세 플라스틱 2. 지구 온난화 3. 국제기구 4. 비정부 기구

•사진 제공_ 헬로아카이브, Wikipedia, shutterstock, FxHere

글쓴이 안현경

서울 대학교에서 지리학을, 이화 여자 대학교 에코 과학부에서 행동 생태학을 공부했다. 어린이책 편집자, 대학교 연구원, 지역 신문 기자, 지자체 임기제 공무원 등으로 일했다. 지은 책으로는 『사회는 쉽다! 6 국토와 주권』이 있다.

그린이 김현영

대학에서 의상 디자인을 공부했지만 그림이 좋아서 미국 뉴욕에 있는 SVA(School of Visual Art)에서 일러스트레이션을 공부했다. 지금은 두 아이들과 보낸 일상을 그림으로 남기는 일과 책 속의 그림을 만드는 일에 열심이다. 그린 책으로는 『주말에는 우리 강을 여행할래!』, 『세상을 바꾸는 따뜻한 금융』, 『신기하고 특이하고 이상한 능력자』, 『내가 바로 바이러스』, 『귀신 사는 집으로 이사 왔어요』, 『까불이 걸스』 등이 있다.

15 세계 지리와 세계 시민

사회는 쉽다!

1판 1쇄 찍음 2025년 6월 10일
1판 1쇄 펴냄 2025년 6월 25일
글 안현경 **그림** 김현영
펴낸이 박상희 **편집장** 전지선 **편집** 이요선 **디자인** 곽민이
펴낸곳 (주)비룡소 출판등록 1994. 3. 17(제16-849호)
주소 06027 서울시 강남구 도산대로1길 62 강남출판문화센터 4층
전화 02)515-2000 **팩스** 02)515-2007 **홈페이지** www.bir.co.kr
제품명 어린이용 반양장 도서 **제조자명** (주)비룡소 **제조국명** 대한민국 **사용연령** 3세 이상

ⓒ 안현경, 김현영 2025. Printed in Seoul, Korea.

ISBN 978-89-491-2515-2 74300 / 978-89-491-2500-8(세트)